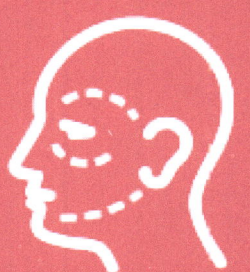
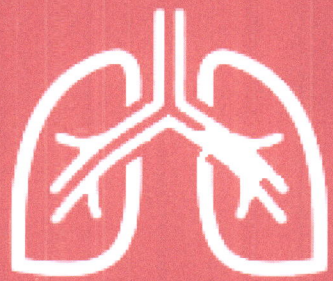
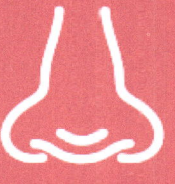

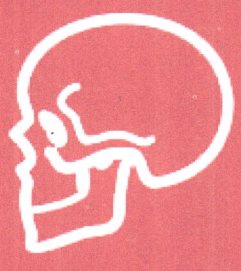
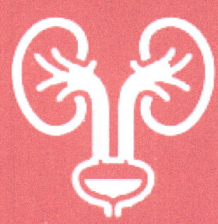
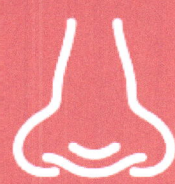

우리 몸 과학

세포와 DNA, 뇌와 신경, 피와 뼈의 놀라운 비밀

클레어 히버트 선생님은
어린이를 위한 과학책과 역사책을 200여 권 펴낸 논픽션 분야 전문 작가입니다. 세상을 바꾼 생각이나
역사를 바꾼 순간들에 대해 특별한 관심을 갖고 글을 쓰고 있습니다.
취학 전 어린이책의 저자에게 수여하는 'Practical Pre-School Gold Awards'를 수상했으며, 영국의 권위 있는
교육 기관인 NASEN(National Association for Special Educational Needs)이 추천하는 어린이책 전문 작가로서
'아벤티스 주니어 사이언스 프라이즈(Aventis Junior Science Prize)' 최종 후보에 오르기도 했습니다.

예병일 선생님은
연세대학교 의학과를 졸업하고 같은 대학원에서 박사 학위를 받았습니다.
미국 텍사스 대학교 사우스웨스턴 메디컬센터에서 전기생리학적 연구 방법을, 영국 옥스퍼드 대학교에서
의학의 역사를 공부했습니다.
연세대학교 원주의과대학에서 16년간 생화학 교수로 일한 뒤 전공을 바꾸어 2014년부터
의학교육학 교수로 일하면서 경쟁력 있는 사회인을 키워 내는 일에 열중하고 있습니다.
지은 책으로 《저도 의학은 어렵습니다만》, 《내가 유전자를 고를 수 있다면》, 《숨만 쉬어도 과학이네?》,
《의학사 노트》, 《세상을 바꾼 전염병》, 《의학, 인문으로 치유하다》, 《내 몸 안의 과학》,
《의사를 꿈꾸는 어린이를 위한 놀라운 의학사》 들이 있고 다수가 우수과학도서로 선정되었습니다.

우리 몸 과학

세포와 DNA, 뇌와 신경, 피와 뼈의 놀라운 비밀

처음 찍은 날 | 2020년 6월 24일   처음 펴낸 날 | 2020년 7월 10일
글쓴이 | 클레어 히버트   옮긴이 | 예병일

펴낸이 | 김태진
펴낸곳 | 다섯수레

기획편집 | 김경희, 김시완, 장예슬   디자인 | 이영아
마케팅 | 이상연, 박주현   제작관리 | 송정선

등록번호 | 제3-213호   등록일자 | 1988년 10월 13일
주소 | 경기도 파주시 광인사길 193(문발동) (우 10881)
전화 | (031) 955-2611   팩스 | (031) 955-2615
홈페이지 | www.daseossure.co.kr   인쇄 | (주)로얄 프로세스

ⓒ 다섯수레, 2020

ISBN 978-89-7478-431-7 74030
ISBN 978-89-7478-424-9(세트)

이 도서의 국립중앙도서관 출판예정도서목록(CIP)은 서지정보유통지원시스템
홈페이지(http://seoji.nl.go.kr)와 국가자료종합목록 구축시스템
(http://kolis-net.nl.go.kr)에서 이용하실 수 있습니다. (CIP제어번호 : CIP2020024710)

Children's Encyclopedia of Human Body

Children's Encyclopedia of Human Body Copyright ⓒArcturus Holdings Limited All rights reserved.
Korean translation Copyright ⓒ2020 Daseossure License arranged through KOLEEN AGENCY, Korea.
All rights reserved.

이 책의 한국어판 저작권은 콜린 에이전시를 통해 저작권자와 독점 계약한 다섯수레에 있습니다.
신 저작권법에 의해 한국 내에서 보호를 받는 저작물이므로 무단 전재와 무단 복제를 금합니다.

알고 있나요? ❸ 인체

우리 몸 과학

세포와 DNA, 뇌와 신경, 피와 뼈의 놀라운 비밀

클레어 히버트 글 | 여병일 옮김

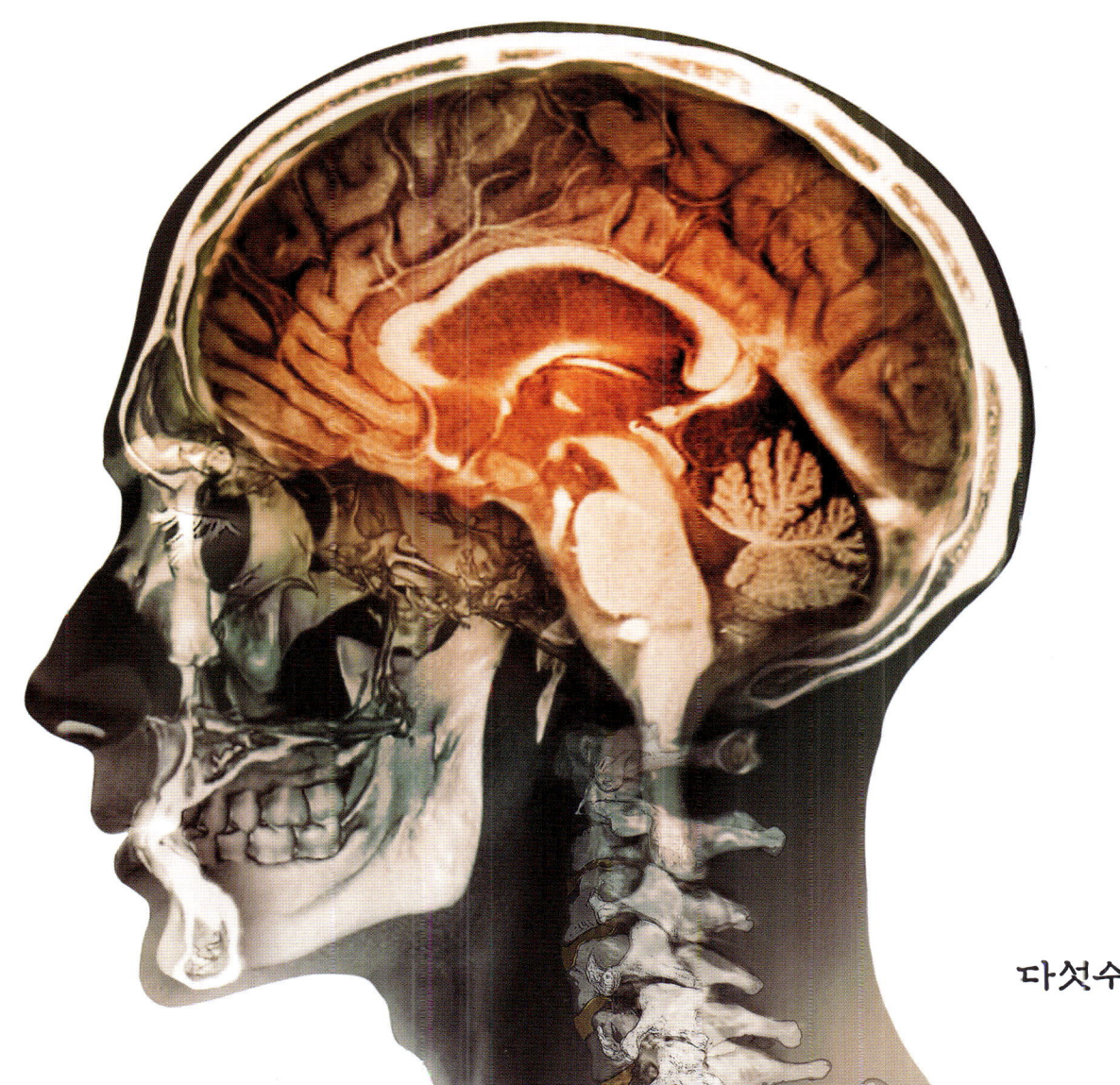

다섯수레

차례

사람과 사람의 몸   6

제1장 :: 몸의 구성

몸의 화학	8	세포	10
세포분열	12	조직	14
장기	16	몸의 계통	18
유전자와 DNA	20	물려받은 특성	22
정신	24	언어와 소통	26

제2장 :: 몸의 구조

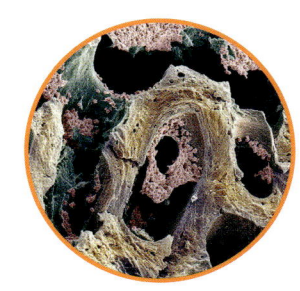

골격	28	뼈	30
뼈의 성장	32	관절	34
근육	36	운동	38
피부	40	털, 손톱과 발톱	42
몸에 대한 탐구	44	몸을 대신하는 기구	46

제3장 :: 폐, 심장, 혈액

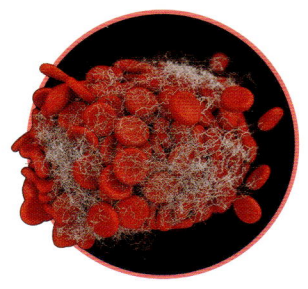

심장과 폐	48	호흡	50
폐의 안쪽	52	혈관	54
순환	56	심장	58
심장주기	60	혈액	62
백혈구	64	혈액검사	66

제4장 :: 영양분의 흡수

음식과 에너지	68	균형 잡힌 식이	70
소화 과정	72	입안	74
입에서 위까지	76	창자	78
영양소의 흡수	80	간	82
콩팥과 소변	84	특별한 식이	86

제5장 :: 뇌와 감각

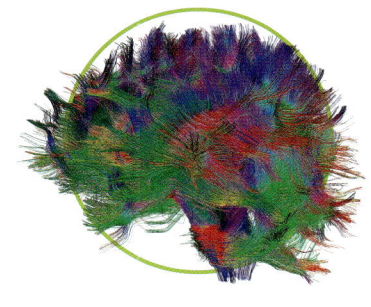

몸 기능의 통제와 조절	88	뇌의 안쪽	90
뇌 지도	92	신경세포	94
신경 계통	96	촉각	98
눈과 시각	100	귀와 청각	102
후각과 미각	104	균형과 조화	106

제6장 :: 인생의 단계

남성과 여성	108	생명의 시작	110
자궁 속의 태아	112	분만과 탄생	114
어린이 시기	116	청소년기	118
성인기	120	가족생활	122
노년기	124	건강하게 살기	126

사람과 사람의 몸

수천 년 동안 위대한 철학자들이 사람이란 무엇인가에 대해 끊임없이 고민해 왔다는 걸 아나요? 사람도 다른 모든 동물처럼 오랜 기간에 걸쳐 조금씩 변해 오면서 현재의 신비한 몸을 가지게 되었어요. 그리고 우리의 몸은 나머지 동물들과는 다른 놀라운 능력들도 지녔지요.

세계에 퍼져 있는 가족

오늘날 지구에는 70억 명이 넘는 사람들이 살고 있어요. 사람들은 한 가지 종에 속하지만 모두가 똑같아 보이지는 않죠. 사람의 몸은 수천 년 이상을 다양한 환경에 맞춰서 서서히 변해 왔어요. 주어진 환경에서 살아가기에 유리한 몸을 가진 사람들이 살아남게 되고 후손을 남길 수 있었어요. 이 과정을 자연선택이라고 해요.

사람들은 검거나 흰 피부색, 작거나 큰 키, 야위거나 뚱뚱한 몸매 같은 다양한 모습을 지니지만 호모 사피엔스라는 한 가지 종에 속해요.

동물 세계

과학자들은 생명체가 지닌 특징에 따라 생명체를 분류해요. 사람의 몸은 척추를 지니고 있으므로 척추동물에 속하지요. 또 사람은 숨을 쉬고, 머리카락과 같은 털을 가지고 있으며, 젖을 먹여 자식을 키우므로 포유동물이라고도 해요. 사람의 지능, 움직일 수 있는 손가락과 발가락, 손톱, 앞쪽을 집중해 바라볼 수 있는 눈은 영장류의 특징에 해당되고요. 덩치가 크고 꼬리가 없어졌기에 대형 유인원이기도 해요.

다른 포유동물에 비해서 사람은 아기일 때 더 많이 돌봐 줘야 해요. 예를 들어 당나귀는 태어나서 몇 분만 지나면 걸을 수 있지만 사람은 여러 개월 동안 걷지를 못하지요.

초감각

사람은 보고, 듣고, 냄새 맡고, 맛보고, 만지는 감각을 이용해 자신을 둘러싸고 있는 세상을 이해해요. 뜨거움과 차가움, 통증, 균형과 중력에 의한 끌어내려짐, 우리 몸이 어디에 있는지 또 주변의 모든 것들과 어떤 관계에 있는지 알게 하는 감각들도 있지요. 사람의 뇌는 이 모든 감각 자료를 이용해 주변 환경에 적절하게 반응하도록 지시해요.

이 잠수부는 감각을 이용해서 자신의 팔과 다리가 어디에 있는지 알고, 물고기를 찾고, 정확하게 작살로 찔러 잡아요.

자유롭게 움직일 수 있는 손

사람은 영장류 가운데 유일하게 똑바로 서서 걸을 수 있어요. 그렇기 때문에 손으로 연장을 사용하거나 물건을 나를 수 있고, 그림을 그리거나 글을 써 의사소통을 할 수도 있지요.

사람은 엄지와 다른 손가락을 이용해서 물건을 정확히 집을 수 있어요.

영리함

사람의 지능은 뇌의 정보처리 능력에 따라 결정돼요. 사람은 문제를 해결하고, 미래에 대한 계획을 세우고, 배우고, 기억하고, 감정을 느낄 수 있지요. 다른 동물들의 뇌도 이런 일들을 일부 하지만 어떤 영리한 동물도 사람의 영리함을 따라올 수는 없어요.

책을 읽고 쓰는 것은 사람이 지식을 전달하는 한 방법이에요.

제1장 몸의 구성

몸의 화학

우리 몸은 장기(16~17쪽)와 조직(14~15쪽)이 모여서 이루어져요. 장기와 조직을 이루는 물질은 세포라고 하지요. 다른 모든 물질과 마찬가지로 세포도 원소라 불리는 기본적인 물질에 의해 만들어져요. 현재까지 알려진 118개의 원소 가운데 절반 정도가 우리 몸에 있어요.

기본적인 구성 요소

우리 몸에 있는 대부분의 원소는 아주 적은 양으로 존재하는 미량 원소예요. 미량 원소에는 마그네슘(0.05퍼센트), 철(0.006퍼센트), 아연(0.0032퍼센트), 구리(0.0001퍼센트)와 같은 금속도 포함되지요.

성인은 하루에 적어도 6~8잔의 물을 마셔야 해요. 활동을 많이 하는 날에는 더 필요하기도 하지요.

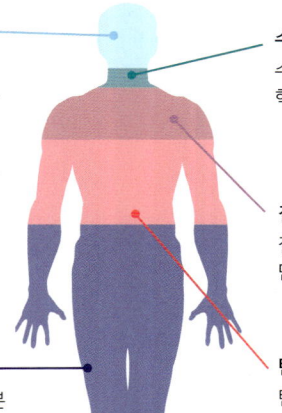

미량 원소(3.8퍼센트)
미량 원소는 건강한 이와 뼈를 형성하는데 필수적인 칼슘(1.5퍼센트), 세포에서 일어나는 화학반응에 필요한 에너지를 공급하는 인(1퍼센트) 따위를 말해요.

수소(9.5퍼센트)
수소는 물과 지질, 단백질, 탄수화물, 핵산 같은 유기물에 들어 있어요.

질소(3.2퍼센트)
질소는 세포의 활동에 사용되는 단백질과 DNA(20쪽)에 들어 있지요.

산소(65퍼센트)
산소는 우리 몸에서 대부분 물로 존재해요. 한 개의 산소(O) 원자*는 두 개의 수소(H) 원자와 결합해 한 개의 물(H_2O) 분자를 형성하지요.

탄소(18.5퍼센트)
탄소는 유기물의 주요 성분이에요.

우리 몸 대발견

과학자 : 존 돌턴
발견 : 원자 이론
연도 : 1803년
이야기 : 돌턴은 모든 물질이 원자로 이루어져 있다고 말했어요. 원자는 더 이상 작게 나눌 수 없고, 파괴할 수도 없다고 했지요. 그리고 특정 원소의 모든 원자는 똑같은 성질을 지닌다고 알려 주었어요. 돌턴은 산소와 수소가 결합해 물을 만드는 것과 같이 둘 이상의 원자들이 모여서 화합물을 만든다는 걸 알아냈어요.

*원자 : 원소의 가장 작은 단위.
*분자 : 각 물질의 화학적 성질을 간직한 가장 작은 단위.

성인 몸무게의 55~60퍼센트는 물이 차지해요. 혈액(피)과 소변을 포함한 사람 몸속의 액체는 주성분이 물이지요.

이 그림은 탄소 원자 하나의 구조를 보여 줘요. 가장 바깥 궤도에 있는 네 개의 전자가 탄소와 다른 원자의 다양한 결합을 가능하게 하지요.

사람의 기본적인 구성 요소

생명체를 구성하고 있는 분자에는 대부분 탄소가 들어 있어요. 탄소 원자는 다양한 원자와 결합해 안정적인 분자들을 만들지요. 탄소, 수소, 산소가 결합해 탄수화물과 지질을 만들고, 탄소, 수소, 산소, 질소가 결합해 단백질을 만들며, 탄소, 수소, 산소, 질소, 인이 결합해 핵산을 만들어요.

우리는 탄소가 기본이 되는 생명체만 알아요. 하지만 그림과 같이, 매우 높은 온도에서 유지되는 실리콘 결정체 성들들의 세상을 상상해 볼 수도 있어요.

알고 있나요? 사람 몸의 96퍼센트 이상이 산소, 탄소, 수소, 질소 이렇게 단 네 개의 원소로 이루어져 있어요.

세포

우리 몸의 세포는 37조 개가 넘어요. 세포는 모든 생명체의 기본 단위이지요.

세포의 구조

대부분의 세포는 현미경으로만 볼 수 있는 조그만 물질이지만, 믿을 수 없을 정도로 복잡한 구조를 가졌어요. 세포 속에는 '세포소기관'이라 하는 화학적 기계들이 있어 서로 다른 일을 맡아 하지요.

사람의 세포 속을 들여다봐요!

1. DNA가 들어 있는 핵
2. 핵막에 뚫려 있는 구멍인 핵공
3. 핵소체는 리보솜을 만드는 물질의 원료를 공급해요.
4. 세포질그물은 단백질을 합성하고 저장해요.
5. 미토콘드리아(사립체)는 탄수화물, 단백질, 지방으로부터 에너지를 만들어서 세포에 연료를 공급하지요.
6. 골지체는 세포 안에서 생성된 물질을 저장하거나 세포 밖으로 분비되게 해요.
7. 리보솜은 단백질을 합성해요.(20~21쪽)
8. 과산화소체는 독소, 아미노산*, 지질을 분해해요.
9. 리소좀(용해소체)은 폐기물을 분해하지요.
10. 중심소체는 세포가 분열하는 것을 도와요.
11. 세포질은 젤리 같은 액체예요.
12. 세포막은 세포를 보호하지요.
13. 분자들이 세포로 들어가거나 나오는 구멍이에요.

우리 몸 대발견

과학자 : 카밀로 골지
발견 : 골지체
연도 : 1898년
이야기 : 이탈리아의 과학자 골지는 세포를 검게 염색하는 기술을 개발해 현미경으로 신경세포를 관찰했어요. 또 납작한 막 주머니를 여러 개 쌓아 올린 듯한 모양의 세포소기관인 골지체를 최초로 발견했지요. 골지는 신경 조직의 구조를 알아낸 공로를 인정받아 노벨 생리의학상을 수상했어요.

*아미노산 : 단백질을 구성하는 물질.

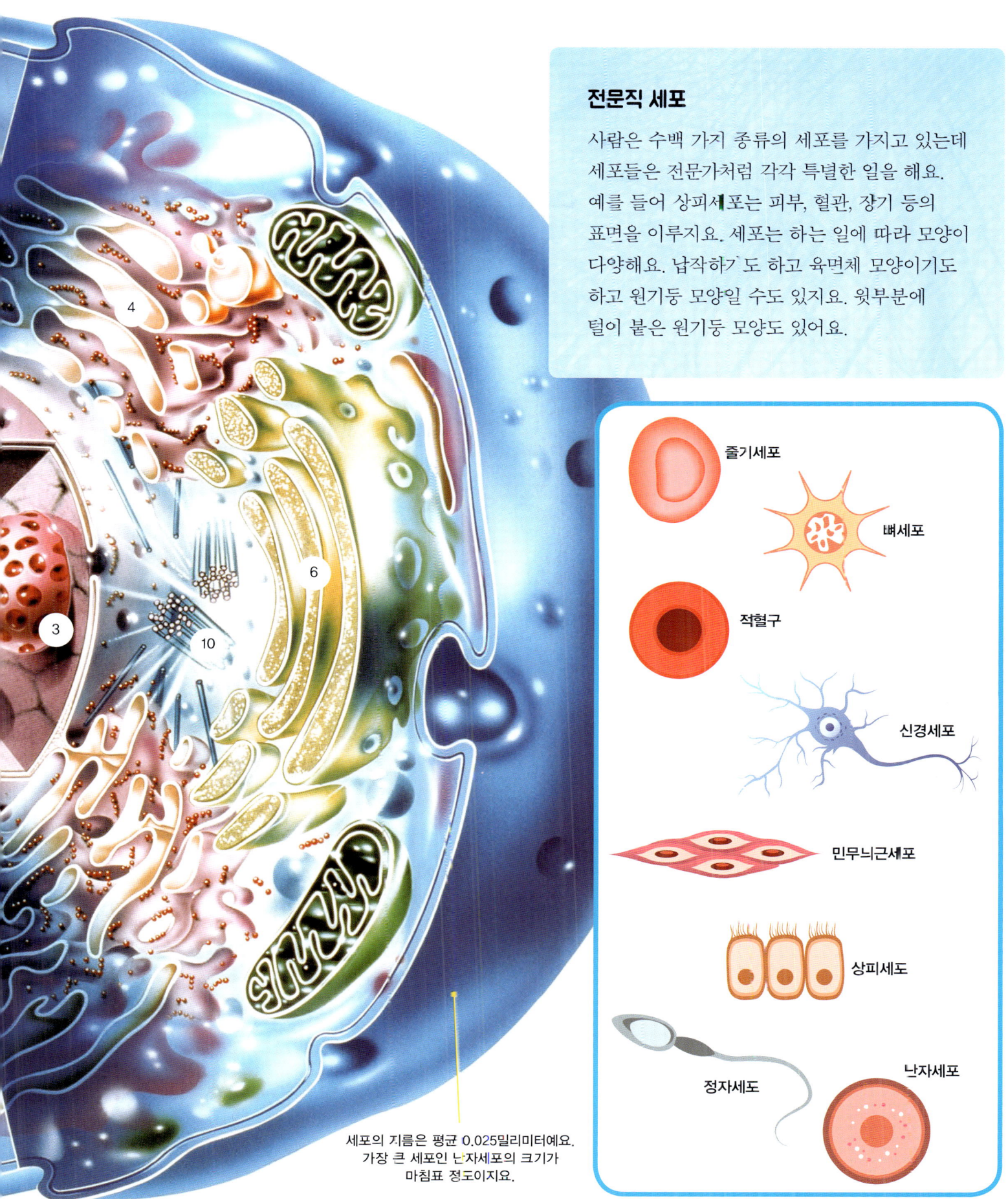

전문직 세포

사람은 수백 가지 종류의 세포를 가지고 있는데 세포들은 전문가처럼 각각 특별한 일을 해요. 예를 들어 상피세포는 피부, 혈관, 장기 등의 표면을 이루지요. 세포는 하는 일에 따라 모양이 다양해요. 납작하기도 하고 육면체 모양이기도 하고 원기둥 모양일 수도 있지요. 윗부분에 털이 붙은 원기둥 모양도 있어요.

줄기세포
뼈세포
적혈구
신경세포
민무늬근세포
상피세도
정자세도
난자세포

세포의 지름은 평균 0.025밀리미터예요. 가장 큰 세포인 난자세포의 크기가 마침표 정도이지요.

알고 있나요? 동물, 식물, 곰팡이, 버섯, 효모를 이루는 세포는 핵막이 있는 진핵세포여요. 박테리아 같은 생명체는 핵막이 없는 원핵세포로 이루어져 있지요.

세포분열

우리 몸이 자라려면 새로운 세포가 만들어져야 해요. 또 새로운 세포는 손상을 입은 세포나 죽어 가는 세포를 대체하기도 하지요. 세포마다 생존 기간은 제각각이에요. 어떤 백혈구는 몇 시간밖에 살지 못하지만 창자의 표면을 이루는 상피세포는 5일 정도 생존하고 눈의 수정체 세포는 평생 동안 살아요.

유전물질 복제하기

사람 몸에 있는 대부분의 세포는 체세포분열(유사분열) 과정을 통해 만들어져요. 체세포분열은 유전물질을 복제해 새로운 세포에 전해 주지요. 하지만 생식 세포(110쪽)는 예외적으로 유전물질의 반만 이용해 새로운 세포를 만드는 감수분열을 해요.

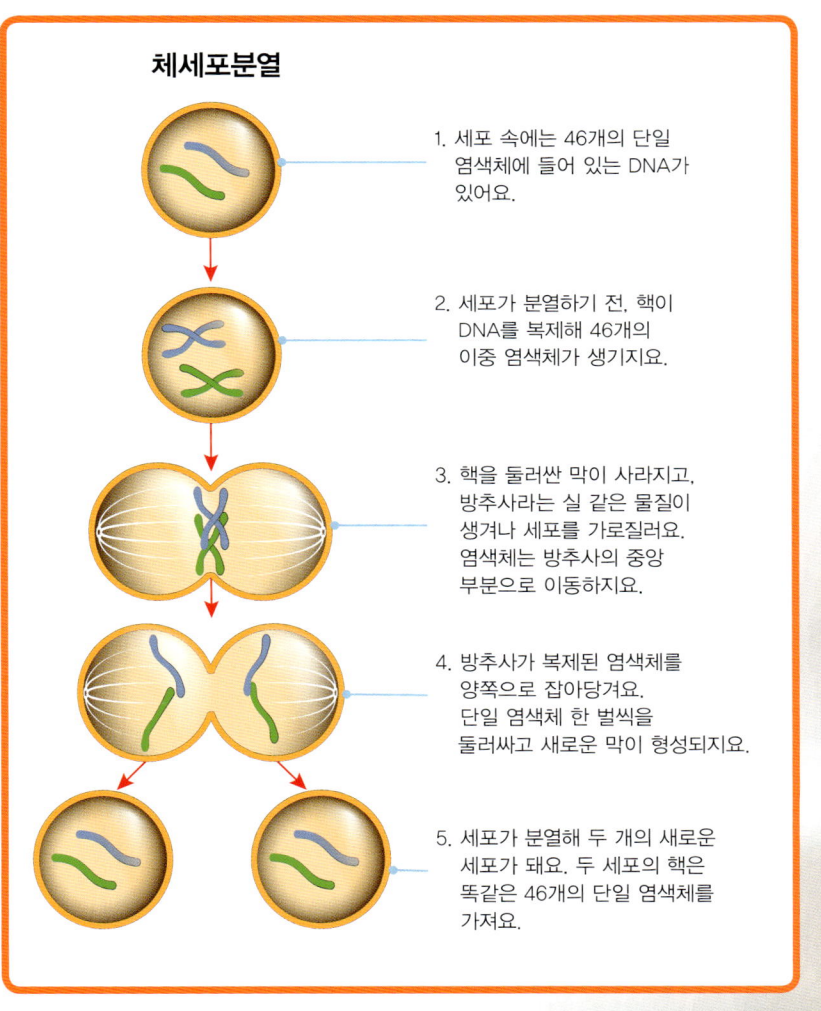

체세포분열

1. 세포 속에는 46개의 단일 염색체에 들어 있는 DNA가 있어요.
2. 세포가 분열하기 전, 핵이 DNA를 복제해 46개의 이중 염색체가 생기지요.
3. 핵을 둘러싼 막이 사라지고, 방추사라는 실 같은 물질이 생겨나 세포를 가로질러요. 염색체는 방추사의 중앙 부분으로 이동하지요.
4. 방추사가 복제된 염색체를 양쪽으로 잡아당겨요. 단일 염색체 한 벌씩을 둘러싸고 새로운 막이 형성되지요.
5. 세포가 분열해 두 개의 새로운 세포가 돼요. 두 세포의 핵은 똑같은 46개의 단일 염색체를 가져요.

딸세포에는 젤리 같은 액체로 가득 찬 세포질과 막이 있어요.

이 그림은 세포분열 과정을 보여 줘요. 우리 몸에서는 매분 약 3억 번의 세포분열이 일어나요.

세포분열 시 모세포라 불리는 세포예요. 모세포가 분열해 두 개의 딸세포를 형성하지요.

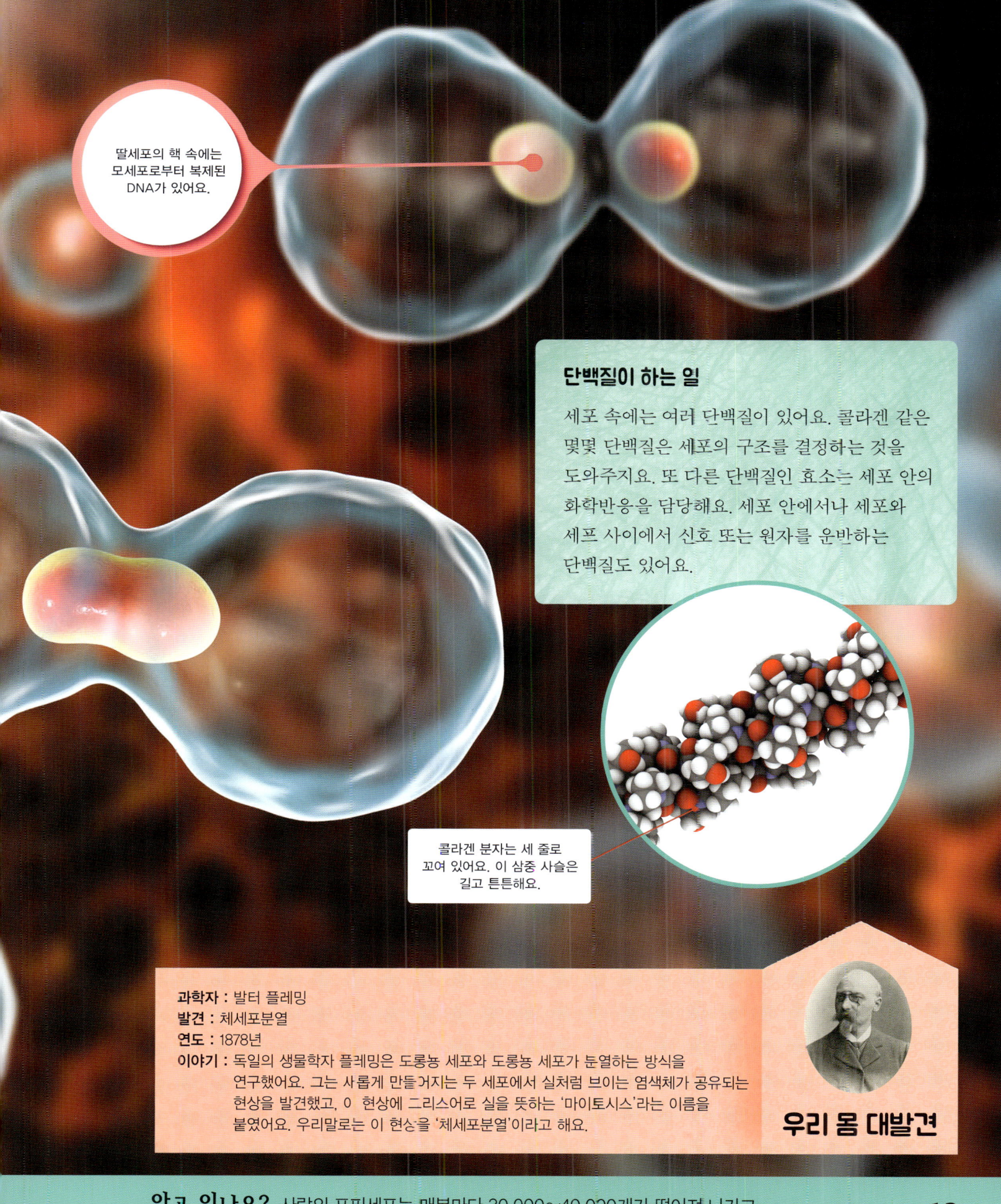

딸세포의 핵 속에는 모세포로부터 복제된 DNA가 있어요.

단백질이 하는 일

세포 속에는 여러 단백질이 있어요. 콜라겐 같은 몇몇 단백질은 세포의 구조를 결정하는 것을 도와주지요. 또 다른 단백질인 효소는 세포 안의 화학반응을 담당해요. 세포 안에서나 세포와 세프 사이에서 신호 또는 원자를 운반하는 단백질도 있어요.

콜라겐 분자는 세 줄로 꼬여 있어요. 이 삼중 사슬은 길고 튼튼해요.

과학자: 발터 플레밍
발견: 체세포분열
연도: 1878년
이야기: 독일의 생물학자 플레밍은 도롱뇽 세포와 도롱뇽 세포가 분열하는 방식을 연구했어요. 그는 새롭게 만들어지는 두 세포에서 실처럼 보이는 염색체가 공유되는 현상을 발견했고, 이 현상에 그리스어로 실을 뜻하는 '마이토시스'라는 이름을 붙였어요. 우리말로는 이 현상을 '체세포분열'이라고 해요.

우리 몸 대발견

알고 있나요? 사람의 표피세포는 매분마다 30,000~40,000개가 떨어져 나가고 새로 만들어져요.

조직

세포는 하나하나일 때는 약하지만 서로 결합하거나 조직을 형성하면 강해져요. 조직은 대표적으로 근육, 상피, 결합, 신경 조직의 네 가지로 나눌 수 있어요. 모든 조직은 영양소를 공급받기 위해 혈관을 필요로 하지요. 그리고 대부분 신경섬유를 가지고 있어서 통증을 느낄 수 있어요.

조직이 하는 일

근육 조직은 사람의 움직임을 조절해요. 상피 조직은 사람의 장기 표면에 분포해 장기를 보호하는 기능을 하지요. 뼈, 물렁뼈, 지방, 혈액과 같은 결합 조직은 조직들을 연결하고, 지탱하며, 보호해요. 신경 조직을 이루는 세포로는 신경세포와 신경교세포가 있어요. 신경세포는 뇌로 자극을 전달하고, 신경교세포는 신경세포에 영양소와 산소를 공급하지요.

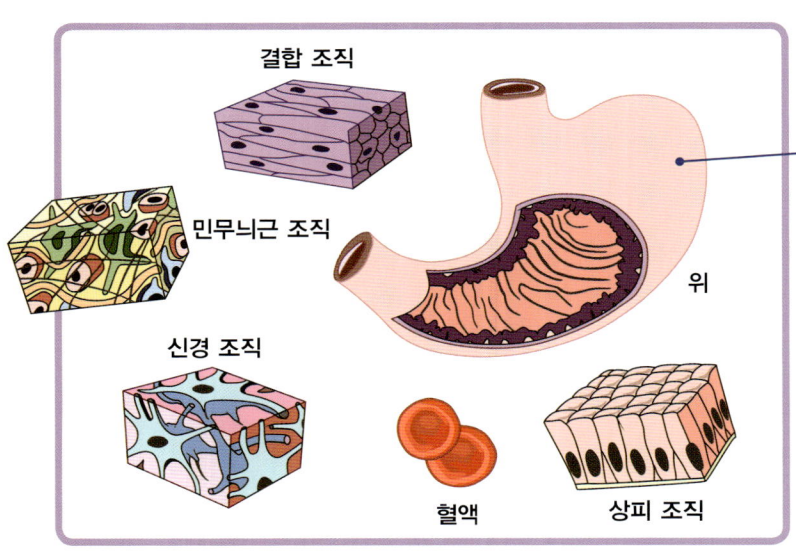

장기에서는 여러 형태의 조직이 함께 일해요. 위에는 민무늬근·표피결합·신경·혈관 조직이 모두 있지요.

작은창자의 한 부분인 빈창자(공장)의 표면 조직을 보여 주는 사진이에요. 주사전자현미경으로 찍었지요.

점막은 상피 조직으로부터 만들어져요. 점막에는 점액을 분비하는 샘과 세포가 있지요.

우리 몸 대발견

과학자 : 마리 프랑수아 그자비에 비샤
발견 : 조직학 창시
연도 : 1800년
이야기 : 독일의 해부학자 비샤는 장기가 서로 다른 기능을 지닌 단순한 조직으로부터 형성된다고 생각한 최초의 인물 가운데 한 명이에요. 그는 〈막에 대한 논문〉에서 21가지 종류의 조직을 구분했어요. 그러나 비샤는 현미경을 이용하지 않았으므로 조직이 세포로 이루어져 있는 것은 보지 못했어요.

알고 있나요? 조직은 세포외기질이라는 살아 있지 않은 부분을 포함해요. 세포외기질은 세포와 세포 사이의 공간을 채우는 물질이지요.

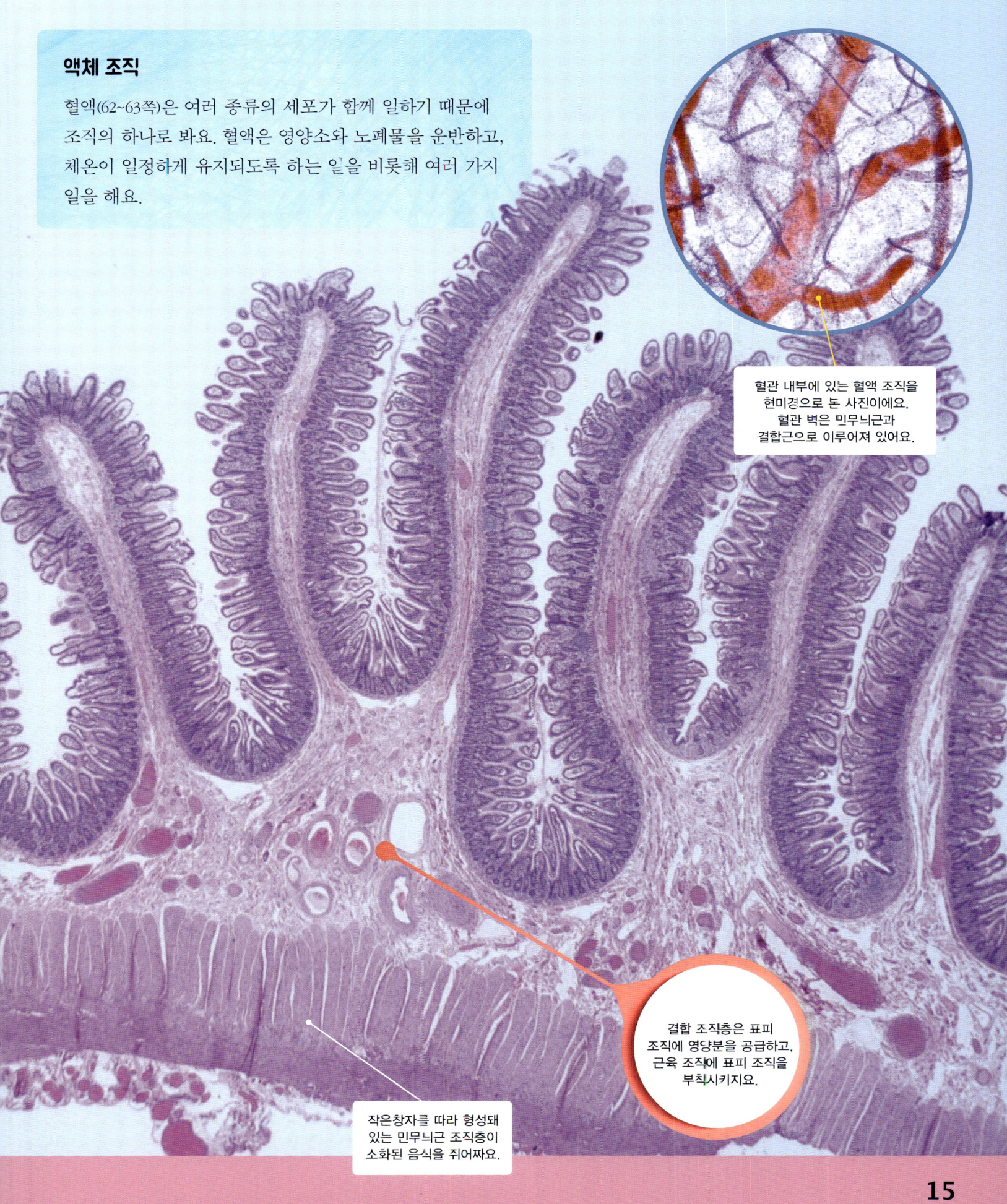

액체 조직

혈액(62~63쪽)은 여러 종류의 세포가 함께 일하기 때문에 조직의 하나로 봐요. 혈액은 영양소와 노폐물을 운반하고, 체온이 일정하게 유지되도록 하는 일을 비롯해 여러 가지 일을 해요.

혈관 내부에 있는 혈액 조직을 현미경으로 돈 사진이에요. 혈관 벽은 민무늬근과 결합근으로 이루어져 있어요.

결합 조직층은 표피 조직에 영당분을 공급하고, 근육 조직에 표피 조직을 부착시키지요.

작은창자를 따라 형성돼 있는 민무늬근 조직층이 소화된 음식을 쥐어짜요.

15

장기

장기는 사람의 몸이라는 큰 기계에서 일하는, 한 가지 이상의 조직으로 된 부분을 가리켜요. 사람은 78개의 장기를 가지고 있지만 그 가운데 생존에 꼭 필요한 장기는 아주 적은 부분이지요.

5대 장기

뇌는 다른 장기들을 통제해요. 폐는 호흡을 통해 생존에 필요한 산소를 공급하지요. 심장은 혈액을 펌프질해 산소를 온몸에 전달해요. 콩팥은 혈액의 노폐물을 제거하고, 간은 해로운 물질을 거르고 단백질을 생산해요. 간에서 생산된 단백질은 혈액을 응고시키기도 하고 지방의 분해를 돕는 담즙을 형성하기도 하지요.

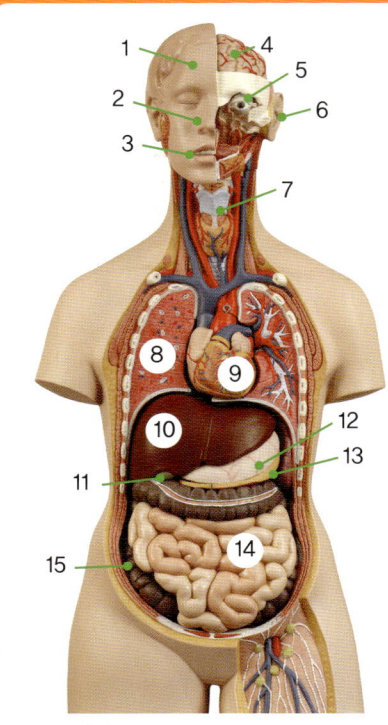

장기

1. 피부
2. 코
3. 입
4. 뇌
5. 눈
6. 귀
7. 후두
8. 폐(허파)
9. 심장
10. 간
11. 쓸개(담낭)
12. 위
13. 이자(췌장)
14. 작은창자(소장)
15. 큰창자(대장)

해부학을 가르칠 때 사용하는 이 몸통 모형은 사람 몸의 일부 장기를 보여 줘요.

뇌는 사람의 몸에서 가장 복잡한 장기로 인체에서 일어나는 모든 과정을 통제해요.

코는 호흡과 후각을 담당하는 장기예요. 호흡 계통과 감각 계통 모두에서 일부 기능을 담당하고 있어요.

알고 있나요? 간은 내부 장기들 가운데 가장 무거워요. 성인의 간은 평균적으로 1.6킬로그램 정도이지요.

과학자 : 고대 이집트인
발견 : 사람 장기에 대해 처음 기술
연도 : 기원전 1600년경
이야기 : 에드윈 스미스 파피루스에는 1862년 이 서류를 구입한 미국 학자의 이름이 붙여졌어요. 이 서류는 이집트 시대의 네 가지 중요한 의학적 발견 가운데 하나이지요. 서류에는 48개의 부상에 대한 치료법이 영향을 받는 장기별로 적혀 있어요. 이집트인들이 사람의 몸을 과학적으로 연구했음을 알려 주는 증거이지요.

우리 몸 대발견

피부는 물과 미생물이 몸으로 들어가는 걸 막아줘요. 우리 몸에 해가 없는 약 1,000종의 세균이 피부에 살고 있지요

뇌는 수영 선수의 근육과 운동을 통제해요. 폐는 산소를 공급받고, 심장은 혈액을 펌프질하지요.

가장 큰 장기

일반적인 성인의 몸에서 가장 큰 장기는 4.5킬로그램 정도의 무게를 지니는 피부예요. 피부는 외부 장기 가운데 하나로 몸 바깥으로 보이는 부분이지요. 다른 외부 장기로 눈, 혀, 음경이 있어요. 내부 장기는 몸 내부에 있어요.

성인의 피부 넓이는 평균적으로 약 1.8제곱미터예요.

몸의 계통

장기는 세포나 조직과 마찬가지로 홀로 일하지 않아요. 연관된 기능을 하는 다른 장기나 조직과 함께 계통을 이뤄 일하지요. 소화 계통이나 순환 계통의 경우 다른 계통이 하는 일을 돕기도 해요.

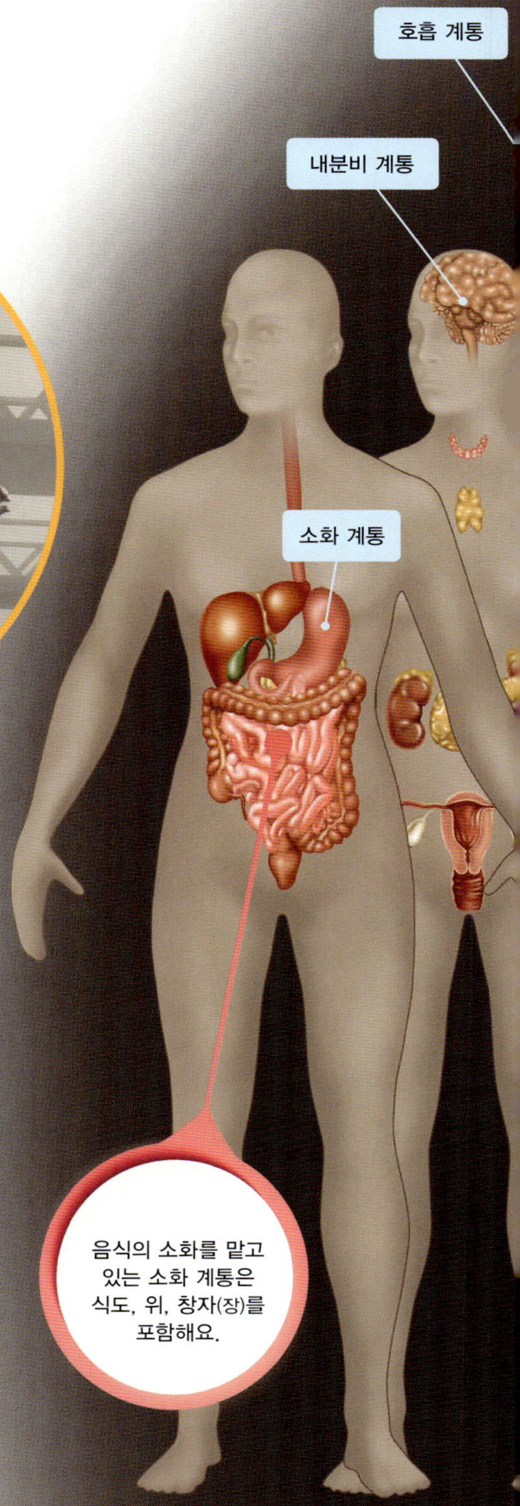

환상적인 팀

각 계통은 일하기 위해 서로를 필요로 해요. 신경 계통과 내분비 계통은 각 계통이 언제 어떻게 일할 것인지 알려 주고, 순환 계통과 소화 계통은 산소와 음식으로부터 얻은 에너지를 각 계통에 공급하지요.

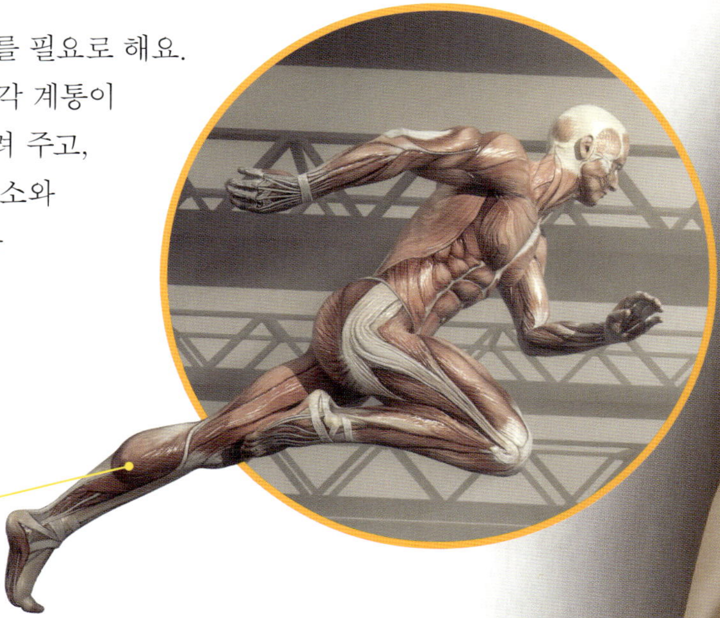

근육은 근육 조직, 혈관, 힘줄, 신경이 모여 만들어져요. 근육 계통은 골격 계통과 함께 사람이 움직일 수 있게 하지요.

호흡 계통

내분비 계통

소화 계통

갑상샘은 체온조절과 대사에 관여하고 심장박동수를 안정적으로 유지하게 하는 호르몬을 분비해요.

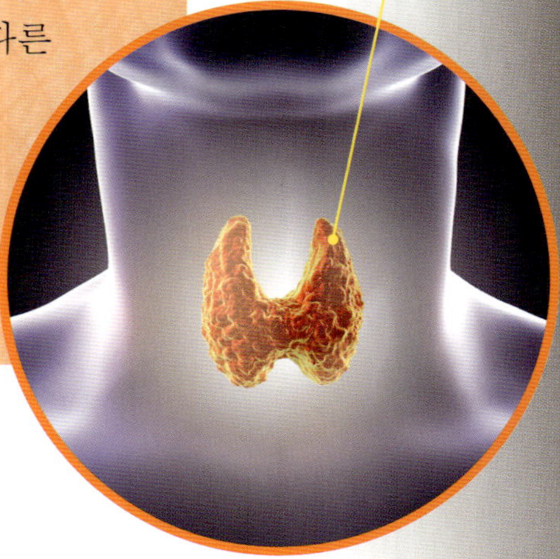

호르몬을 분비하는 곳

내분비 계통은 호르몬이라는 물질을 분비하는 샘을 지니고 있어요. 각 호르몬은 서로 다른 몸의 반응을 가져오지요. 예를 들어 아드레날린은 심장박동수와 호흡수를 증가시켜 사람의 몸이 이에 맞게 행동하도록 준비시켜요.

음식의 소화를 맡고 있는 소화 계통은 식도, 위, 창자(장)를 포함해요.

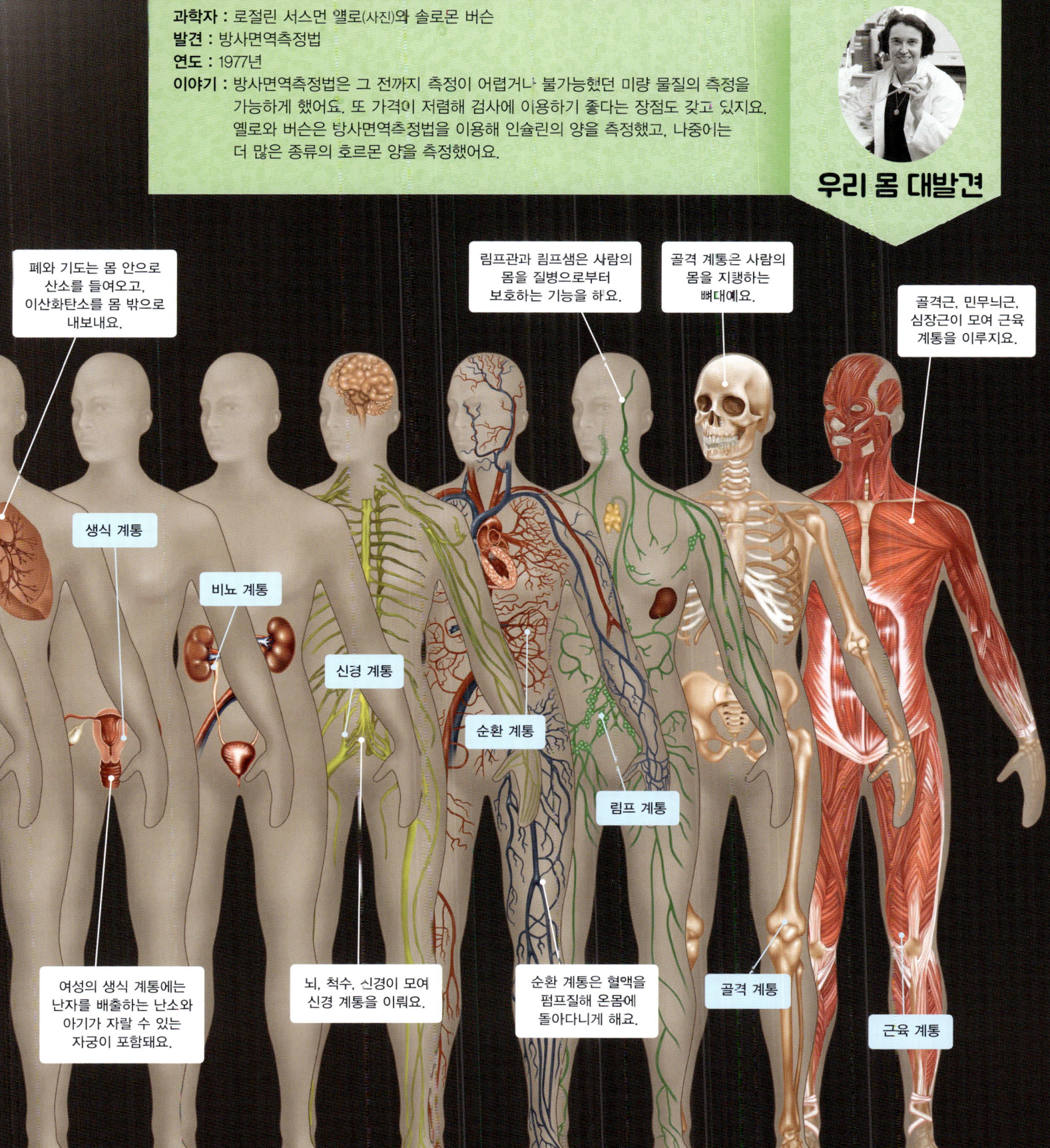

유전자와 DNA

유전자는 세포가 어떤 모양을 하고 어떤 일을 할지 결정해요. 유전자는 생명체가 생명을 유지하는 데 중요한 물질인 단백질 합성 과정을 조절함으로써 이런 일들을 수행하지요. 유전자는 꼬인 모양의 긴 분자인 DNA가 모여 이루어진 형태로, 모든 세포의 핵에 저장되어 있어요. 핵에 존재하는 또 다른 분자인 RNA는 DNA가 가진 정보를 받아 핵 밖으로 전달해 주지요.

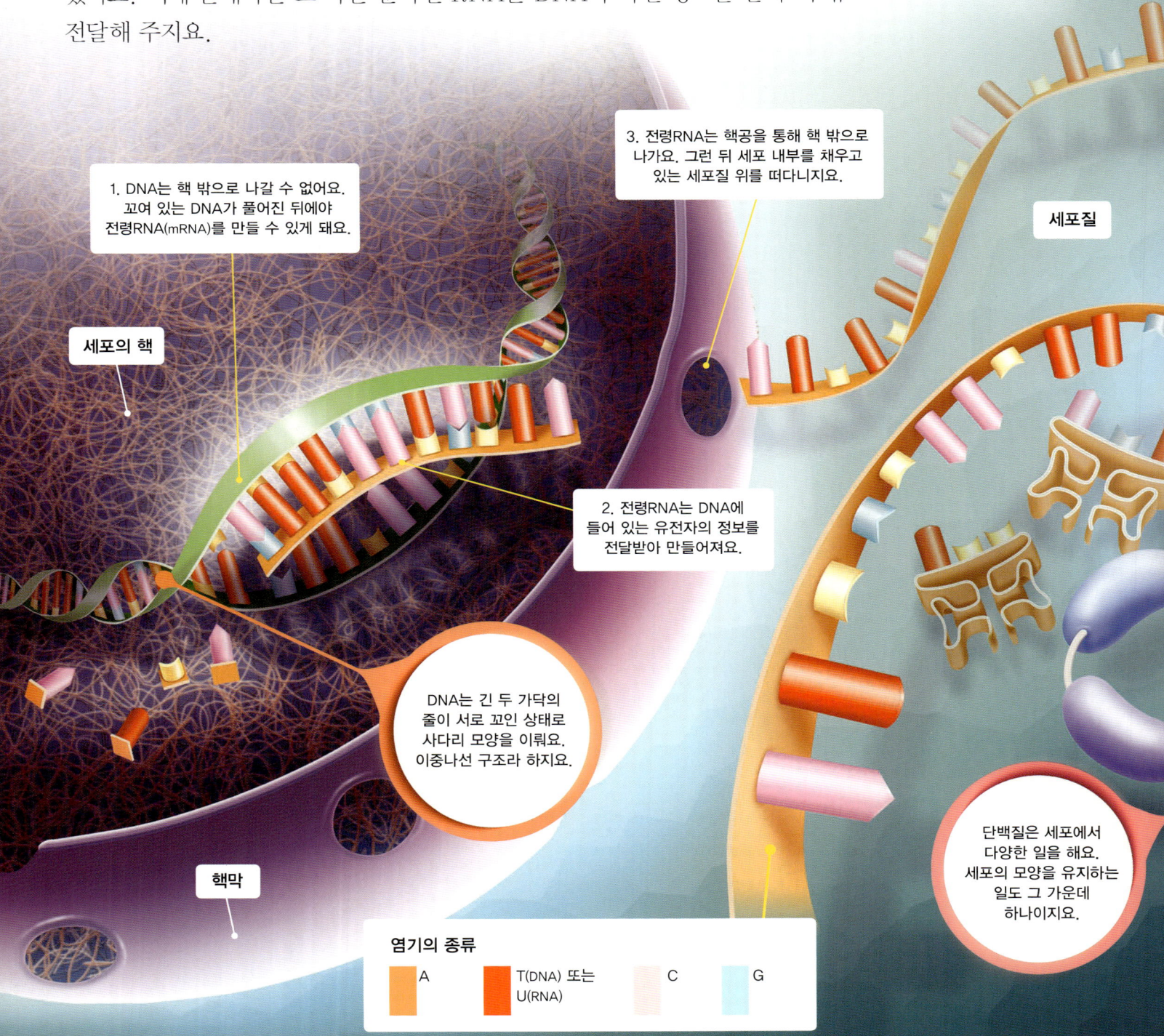

1. DNA는 핵 밖으로 나갈 수 없어요. 꼬여 있는 DNA가 풀어진 뒤에야 전령RNA(mRNA)를 만들 수 있게 돼요.

2. 전령RNA는 DNA에 들어 있는 유전자의 정보를 전달받아 만들어져요.

3. 전령RNA는 핵공을 통해 핵 밖으로 나가요. 그런 뒤 세포 내부를 채우고 있는 세포질 위를 떠다니지요.

세포의 핵

세포질

DNA는 긴 두 가닥의 줄이 서로 꼬인 상태로 사다리 모양을 이뤄요. 이중나선 구조라 하지요.

단백질은 세포에서 다양한 일을 해요. 세포의 모양을 유지하는 일도 그 가운데 하나이지요.

핵막

염기의 종류

A   T(DNA) 또는 U(RNA)   C   G

알고 있나요? 사람의 몸에는 20,000~25,000개의 유전자가 들어 있어요. 각각의 유전자는 시작 부분과 끝나는 부분이 있으며, 네 개의 염기(A, C, G, T)가 결합돼 만들어지지요.

과학자 : 프랜시스 크릭, 제임스 왓슨, 로절린드 프랭클린, 모리스 윌킨스
발견 : DNA의 이중나선 구조
연도 : 1953년
이야기 : 크릭과 왓슨은 동료 과학자인 프랭클린과 윌킨스가 연구한 DNA 분자의 X선 회절 영상을 이용해 이중나선 모형을 만들었어요. 이중나선은 꼬여 있는 사다리 모양이라고 생각하면 돼요. 오늘날 염기라 부르는 화학물질이 사다리 모형의 가로대 부분에 위치하지요.

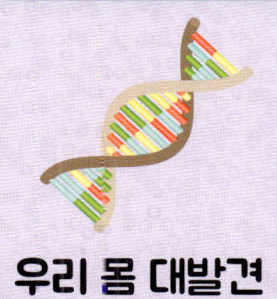

우리 몸 대발견

염기

DNA를 언어라고 생각하면 염기는 글자로 볼 수 있어요. DNA는 4개의 화학적 염기를 가지고 있지요. 4개의 염기란 아데닌(A), 티민(T), 시토신(C), 구아닌(G)을 말해요. 이중나선 모양의 DNA에서 A는 항상 T와 결합하고, C는 항상 G와 결합하지요.

이 띠는 DNA 염기 서열을 읽은 결과를 보여 줘요.

4. 세포질은 다양한 종류의 세포소기관을 가지고 있어요. 그 가운데에는 단백질 합성 기계 역할을 하는 리보솜도 있지요.

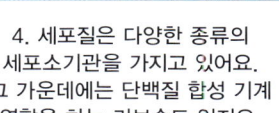
운반RNA

5. 리보솜은 전령RNA가 운반RNA(tRNA)라는 다른 분자와 결합하게 만들어요. 각각의 운반RNA는 아미노산이라 불리는 단순한 화합물을 운반해 와요.

아미노산

염기에 담겨진 유전암호

DNA와 RNA 유전암호에서 염기가 글자라면 세 개의 염기로 이루어진 암호는 단어라고 할 수 있어요. 각 암호는 실제로 단백질 합성에 이용되는 아미노산*을 집어 올 수 있는 열쇠 역할을 하지요. 아미노산에는 20가지 종류가 있으며, 어떤 단백질이든 이 20개의 아미노산을 이용해 만들어져요.

6. 전령RNA와 운반RNA는 결합되어 있으므로 아미노산 사슬은 서로 연결되어 단백질을 형성해요. 단백질은 세포 내에서 아주 다양한 일들을 하기 때문에 '세포 내의 일꾼'이라고도 해요.

헤모글로빈(혈색소)*의 분자 모형이에요. 적혈구는 헤모글로빈 때문에 빨갛게 보이지요. 색다다 서로 다른 아미노산을 가리켜요.

*헤모글로빈(혈색소) : 철 성분이 포함된 빨간 색소인 헴과 단백질인 글로빈의 화합물로, 산소와 쉽게 결합하는 특성이 있음.

물려받은 특성

사람이 가진 유전자의 반은 어머니로부터, 나머지 반은 아버지로부터 물려받아요. 유전자는 사람의 몸을 만들 수 있게 명령을 내리므로 자녀가 부모를 닮은 것은 놀라운 일이 아니지요. 부모로부터 물려받은 유전자는 자녀의 머릿결, 시력, 이의 건강 같은 요소들을 결정해요.

우리 몸을 지배하는 염색체

염색체는 꼬인 DNA 분자와 단백질들로 이루어진 긴 실 같은 구조를 가지고 있어요. 사람은 23쌍, 즉 46개의 염색체를 지니며 모든 세포에서 염색체는 핵 속에 들어 있어요. 마지막 쌍의 염색체는 성을 결정하는 염색체이지요.

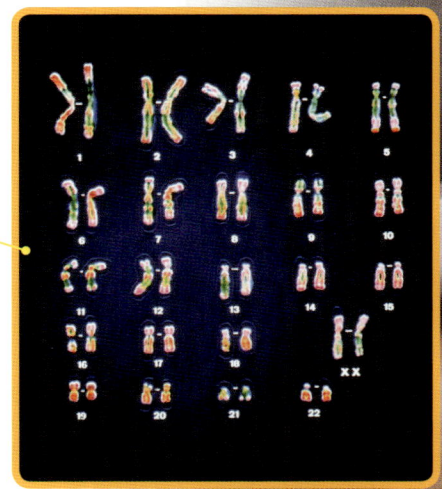

23쌍의 염색체예요. 마지막 쌍은 여성은 XX이고, 남성은 XY이지요.

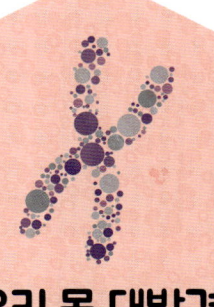

우리 몸 대발견

개척자 : 사람 유전체 프로젝트
발견 : 사람 유전체 서열
연도 : 2003년
이야기 : 1990년에 시작된 사람 유전체 프로젝트는 사람 유전체를 이루는 염기 서열을 결정하는 것이었어요. 사람의 유전체는 A, C, G, T 4개의 염기가 23쌍의 염색체를 이루고 있지요. 이 프로젝트는 13년이 걸렸고, 오늘날에는 전 세계 모든 과학자들이 이 염기서열을 이용할 수 있어요!

알고 있나요? 사람 유전체 프로젝트의 첫 책임자인 제임스 왓슨은 DNA가 이중나선 구조라는 것을 밝혀낸 학자 가운데 한 명이에요.

유전자는 사람들의 보이는 모습에만 영향을 주는 것이 아니에요. 유전자는 정신 상태나 행동 양식에도 영향을 미치지요.

질병 치료하기

과학자들은 사람들이 물려받은 질병을 유전자를 편집해(더하기, 빼기, 잘못된 부분 바로잡기) 해결하려는 희망을 가지고 있지만 쉬운 일이 아니에요. 유전된 유방암의 대부분은 BRCA1과 BRCA2, 이 두 유전자의 변이와 관련돼 있지만 유방암의 위험도를 증가시킨다고 알려진 다른 유전자도 20가지가 넘어요.

무엇을 먹고 얼마나 자는가 같은 특성들은 유전적인 요인과 비유전적 요인이 혼합돼 결정돼요.

크리스퍼

크리스퍼(CRISPR-Cas9)는 유전자에서 문제가 생긴 부위를 정확히 제거하고, 더하고, 변형시키는 새로운 과학 기술이에요.

정신

사람의 몸을 구성하는 요소는 동물과 아주 비슷해요. 그러나 사람은 동물과 다르게 몸만 있는 것이 아니라 정신도 있지요. 사람은 배우고, 기억하고, 계획하고, 의식*을 가지고 행동해요. 그렇다면 정신은 무엇으로 만들어질까요?

정신과 뇌

많은 과학자들이 뇌가 어떻게 일하는지를 알면 정신이 어떻게 만들어지는가에 관한 모든 질문에 답을 할 수 있게 된다고 생각해요. 오늘날의 과학자들은 사람들이 다양한 의식적 행동을 할 때 뇌에서 이용되는 부위를 뇌 모형에 표시할 수 있어요(92~93쪽).

연기자가 두 눈썹 사이에 그린 그림은 상징물이에요. 사람은 정신이 있기에 이렇게 상징물을 사용할 수 있어요.

타고나기고 하고 길러지기도 하는 정신

정신은 뇌가 작동해야만 생기므로 태어날 때부터 물려받은 뇌의 영향을 받아요. 하지만 출생 후 식습관이나 학습 같은 외부의 환경도 뇌의 성장에 영향을 주지요. 따라서 정신은 타고난 것과 외부 환경의 영향이 혼합돼 만들어지지요.

많은 사람들은 사람의 정신이 사람을 넘어서 존재하는 힘의 한 부분이라 믿고 있어요. 사람들은 명상이나 다른 의식을 통해 이 영적인 힘에 가 닿으려고 노력하지요.

우리의 정신은 타고난 무서워하는 마음도 극복하게 할 수 있어요. 사람들은 스카이다이빙과 같은 무시무시해 보이는 활동을 오히려 즐기기도 하지요.

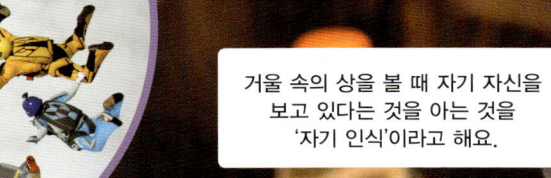

거울 속의 상을 볼 때 자기 자신을 보고 있다는 것을 아는 것을 '자기 인식'이라고 해요.

*의식 : 자신과 주변 환경을 인지하는 상태.

과학자: 멜라니 클라인 **발견**: 연극치료 **연도**: 1932년

이야기: 멜라니 클라인은 정신분석학의 창시자인 지크문트 프로이트의 제자예요. 정신분석가들은 환자의 의식에 숨어 있는 공포를 발견해 이를 해결함으로써 정신병을 치료했어요. 클라인은 환자들 가운데 너무 어려서 일반적인 대화를 통한 치료가 어려운 어린이들을 위해 연극치료를 개발했고, 이 치료법은 지금도 사용되고 있어요. 연극치료는 어린이들이 스스로 자신이 느끼고, 생각하고, 행동하는 바를 이해할 수 있도록 도움을 줘요.

우리 몸 대발견

사람은 이야기를 좋아해요. 정신은 받아들인 정보를 이야기로 재구성하지요. 이야기 속에서는 한 사건이 다음 사건을 불러일으키는 식으로 사건들이 연결돼요.

알고 있나요? 꿈은 사람들의 무의식에 있는 관계와 기억을 이해하는 데 도움을 줄 수 있어요. 무의식은 사람들이 접근할 수 없는 정신의 한 부분이지요.

25

언어와 소통

사람은 많은 수단을 통해 생각과 느낌을 나누기에 함께 생활하고 일할 수 있어요. 얼굴 표정이나 몸짓을 이용해 의사소통을 할 수 있고, 자신이 속한 공동체에서 사용하는 언어를 배워 깊게 생각하거나 의견이나 이야기를 다른 사람들과 효율적으로 나누기도 해요.

말 만들기

사람들은 정확한 소리인 음소를 만들고, 이를 연결해 단어와 문장을 만들 수 있어요. 손가락을 이용해 글자를 쓰거나 컴퓨터에 입력하는 것과 같지요. 소리를 만드는 과정에는 이와 혀, 후두가 쓰여요.

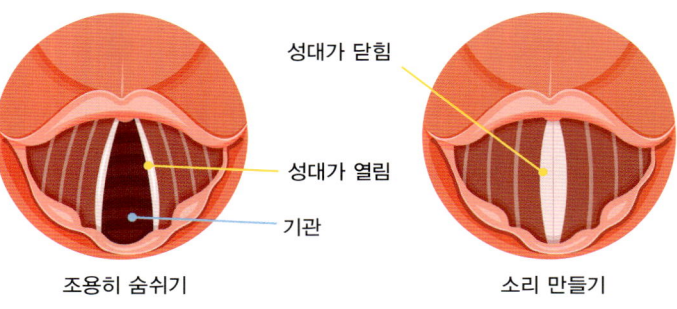

숨을 쉴 때 들어온 공기는 목구멍에서 후두를 통과해요. 이때 성대가 열리면 조용해지고, 성대가 닫히면 공기가 진동하며 소리를 내지요.

성대가 닫힘
성대가 열림
기관
조용히 숨쉬기
소리 만들기

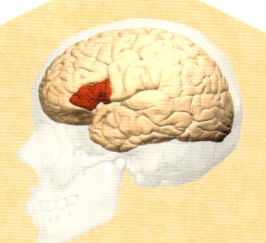

우리 몸 대발견

과학자: 폴 브로카
발견: 브로카 영역
연도: 1861년
이야기: 프랑스의 외과의사 폴 브로카는 뇌의 똑같은 부위에 손상을 입어서 말을 하지 못하는 두 환자를 발견했어요. 이것이 사람들의 능력이 뇌의 특정 부위에서 일어난다는 생각에 대한 첫 번째 과학적 증거였지요. 그의 발견은 뇌과학 연구를 시작하는 계기를 마련해 주었어요.

알고 있나요? 2백만 명을 설문조사한 결과에 따르면, 8세 어린이는 평균적으로 10,000개의 단어를 안다고 해요.

제2장 몸의 구조

골격

사람은 척추뼈들로 이루어진 척추를 갖고 있어요. 사람 몸에 있는 뼈는 귀에 있는 아주 작은 뼈부터 넙다리뼈 같은 아주 큰 뼈까지 모두 직접 또는 간접적으로 척추에 결합되어 있지요. 그 뼈들이 모여 사람의 골격을 이루어요.

뼈가 하는 일

골격은 사람 몸의 모양을 결정하고 몸의 다른 부분들을 받쳐 줘요. 사람 몸의 가운데 골격을 만드는 뼈인 머리뼈, 척추뼈, 갈비뼈, 복장뼈는 중요한 장기들을 보호하지요. 거기에 붙은 뼈인 팔뼈, 손뼈, 다리뼈, 발뼈, 어깨뼈, 엉덩이뼈는 사람의 움직임을 도와요.

팔 위쪽에 있는 위팔뼈는 어깨에서 팔꿈치 방향으로 위치해 있어요.

X선으로 찍은 골반의 모습이에요. 골반은 배의 윗부분을 받쳐 주고, 다리와 척추를 연결하며, 방광과 생식기와 창자를 보호해 주지요. 골반은 ❶엉덩이뼈, ❷엉치뼈, ❸꼬리뼈로 구성돼요.

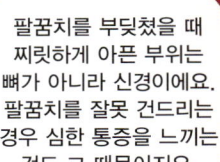

팔꿈치를 부딪쳤을 때 찌릿하게 아픈 부위는 뼈가 아니라 신경이에요. 팔꿈치를 잘못 건드리는 경우 심한 통증을 느끼는 것도 그 때문이지요.

우리 몸 대발견

과학자: 빌헬름 뢴트겐
발견: 최초로 사람 골격을 X선 촬영
연도: 1895년
이야기: 독일의 물리학자인 뢴트겐은 우연히 X선을 발견했어요. 그리고 X선을 이용하면 몸에 칼자국을 내지 않고도 뼈를 볼 수 있다는 사실을 알아냈지요. 그가 처음으로 찍은 X선 영상은 아내의 손이었어요. 1901년 뢴트겐은 X선을 발견한 공로를 인정받아 최초의 노벨 물리학상 수상자가 됐어요.

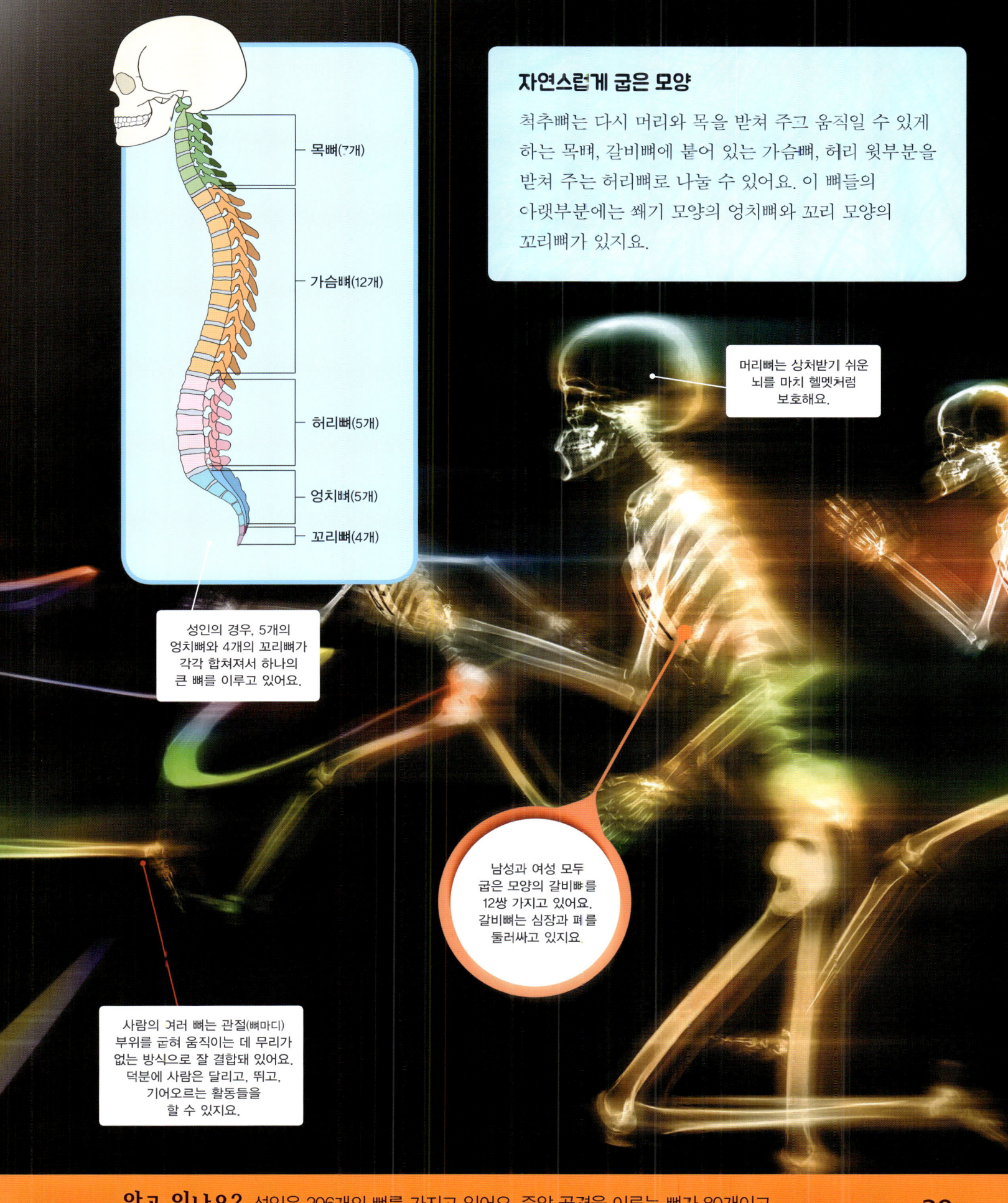

- 목뼈(7개)
- 가슴뼈(12개)
- 허리뼈(5개)
- 엉치뼈(5개)
- 꼬리뼈(4개)

자연스럽게 굽은 모양

척추뼈는 다시 머리와 목을 받쳐 주고 움직일 수 있게 하는 목뼈, 갈비뼈에 붙어 있는 가슴뼈, 허리 윗부분을 받쳐 주는 허리뼈로 나눌 수 있어요. 이 뼈들의 아랫부분에는 쐐기 모양의 엉치뼈와 꼬리 모양의 꼬리뼈가 있지요.

머리뼈는 상처받기 쉬운 뇌를 마치 헬멧처럼 보호해요.

성인의 경우, 5개의 엉치뼈와 4개의 꼬리뼈가 각각 합쳐져서 하나의 큰 뼈를 이루고 있어요.

남성과 여성 모두 굽은 모양의 갈비뼈를 12쌍 가지고 있어요. 갈비뼈는 심장과 폐를 둘러싸고 있지요.

사람의 여러 뼈는 관절(뼈마디) 부위를 굽혀 움직이는 데 무리가 없는 방식으로 잘 결합돼 있어요. 덕분에 사람은 달리고, 뛰고, 기어오르는 활동들을 할 수 있지요.

알고 있나요? 성인은 206개의 뼈를 가지고 있어요. 중앙 골격을 이루는 뼈가 80개이고, 거기에 붙어 있는 뼈가 126개예요.

뼈

뼈는 딱딱해 보이지만 사실 딱딱한 부분은 겉 부분뿐이에요. 뼈의 안쪽 부분은 스펀지 같이 작은 구멍이 많은, 살아 있는 조직으로 구성되어 있어요. 덕분에 뼈는 단단한 동시에 믿을 수 없을 정도로 가볍지요. 사람 무게에서 골격이 차지하는 부분은 평균적으로 10킬로그램 정도예요.

뼈의 종류

뼈의 종류는 짧은뼈, 긴뼈, 납작뼈, 종자뼈, 불규칙뼈의 다섯 가지가 있어요. 손목뼈와 같은 짧은뼈들은 그 굵기와 길이가 비슷해요. 다리뼈와 같은 긴뼈들은 그 폭보다 길이가 훨씬 길지요. 골반이나 복장뼈와 같은 납작뼈들은 접시처럼 평평하면서도 약간 둥글게 굽어 있어요. 무릎뼈(슬개골)는 종자뼈의 하나로 작고, 힘줄 내에서 발견되는 둥근 모양의 뼈예요. 목에 있는 목뿔뼈와 같이 특정한 모양으로 분류할 수 없는 뼈는 불규칙뼈라고 하지요.

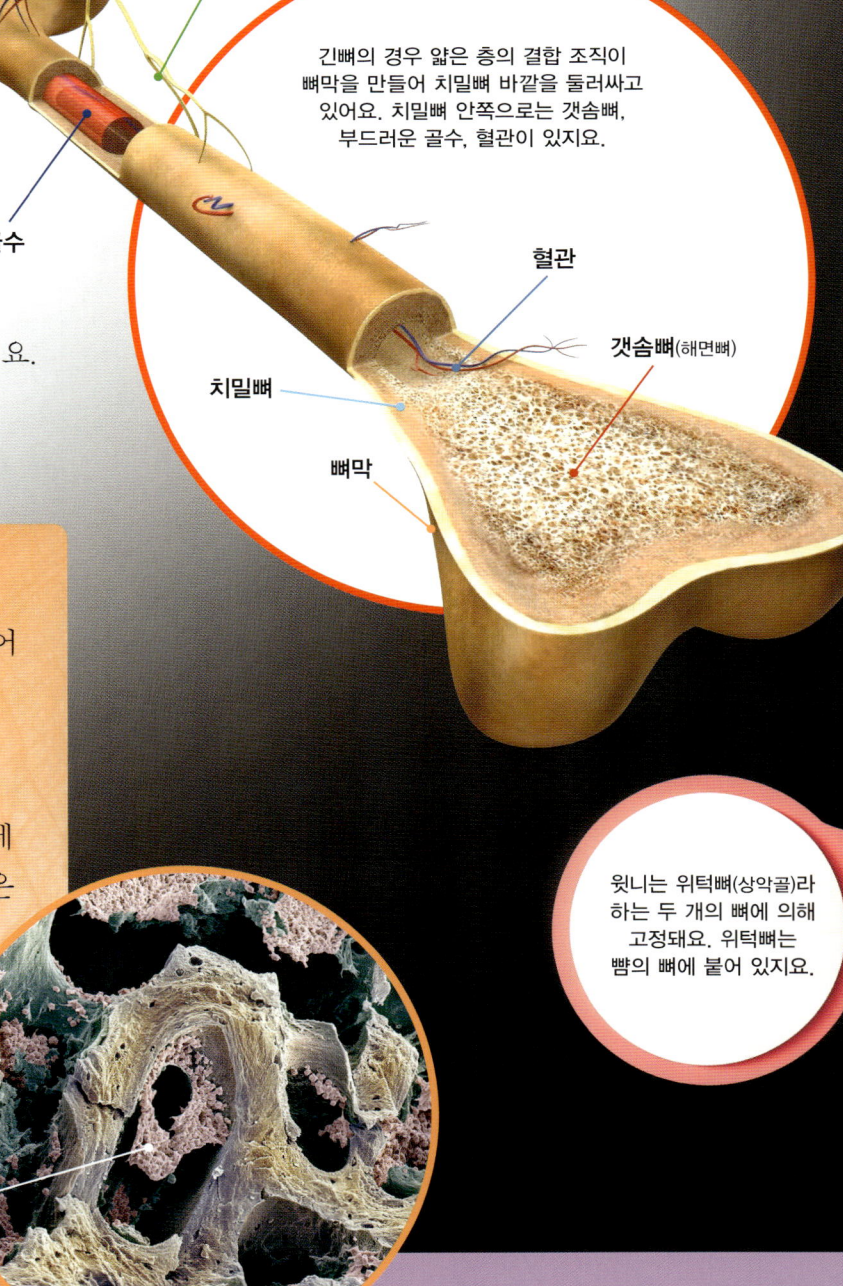

긴뼈의 경우 얇은 층의 결합 조직이 뼈막을 만들어 치밀뼈 바깥을 둘러싸고 있어요. 치밀뼈 안쪽으로는 갯솜뼈, 부드러운 골수, 혈관이 있지요.

윗니는 위턱뼈(상악골)라 하는 두 개의 뼈에 의해 고정돼요. 위턱뼈는 뺨의 뼈에 붙어 있지요.

골수

뼈에는 골수라 하는 부드럽고 젤리 같은 조직이 들어 있어요. 그리고 골수는 다시 적골수와 황골수로 나눌 수 있지요. 적골수는 혈구(혈액세포)를 만들어 내며, 아기의 모든 뼈에는 적골수가 들어 있어요. 그 가운데 일부는 성인이 되면서 황골수로 변하는데 황골수에서는 뼈와 물렁뼈, 지방이 생산돼요. 성인은 머리뼈, 척추뼈, 복장뼈, 갈비뼈, 어깨뼈, 엉덩이뼈, 긴뼈의 끝부분에 적골수를 지니고 있어요.

주사전자현미경으로 본 벌집 구조의 갯솜뼈예요. 골수(푸른색)에서 혈구(분홍색)가 만들어지는 것을 볼 수 있어요.

과학자 : 만수르 이븐 일리야스
발견 : 처음으로 사람 몸을 그림으로 표현함
연도 : 1390년
이야기 : 페르시아의 학자 만수르 이븐 일리야스는 사람의 몸을 뼈, 신경, 근육, 정맥, 동맥으로 나눠 그림으로 풀이한 책을 썼어요. 뼈에 대한 설명을 할 때는 성인 머리에 있는 뼈가 모여 결합한 모양도 그려 놓았지요.

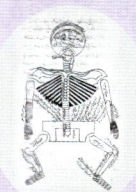

우리 몸 대발견

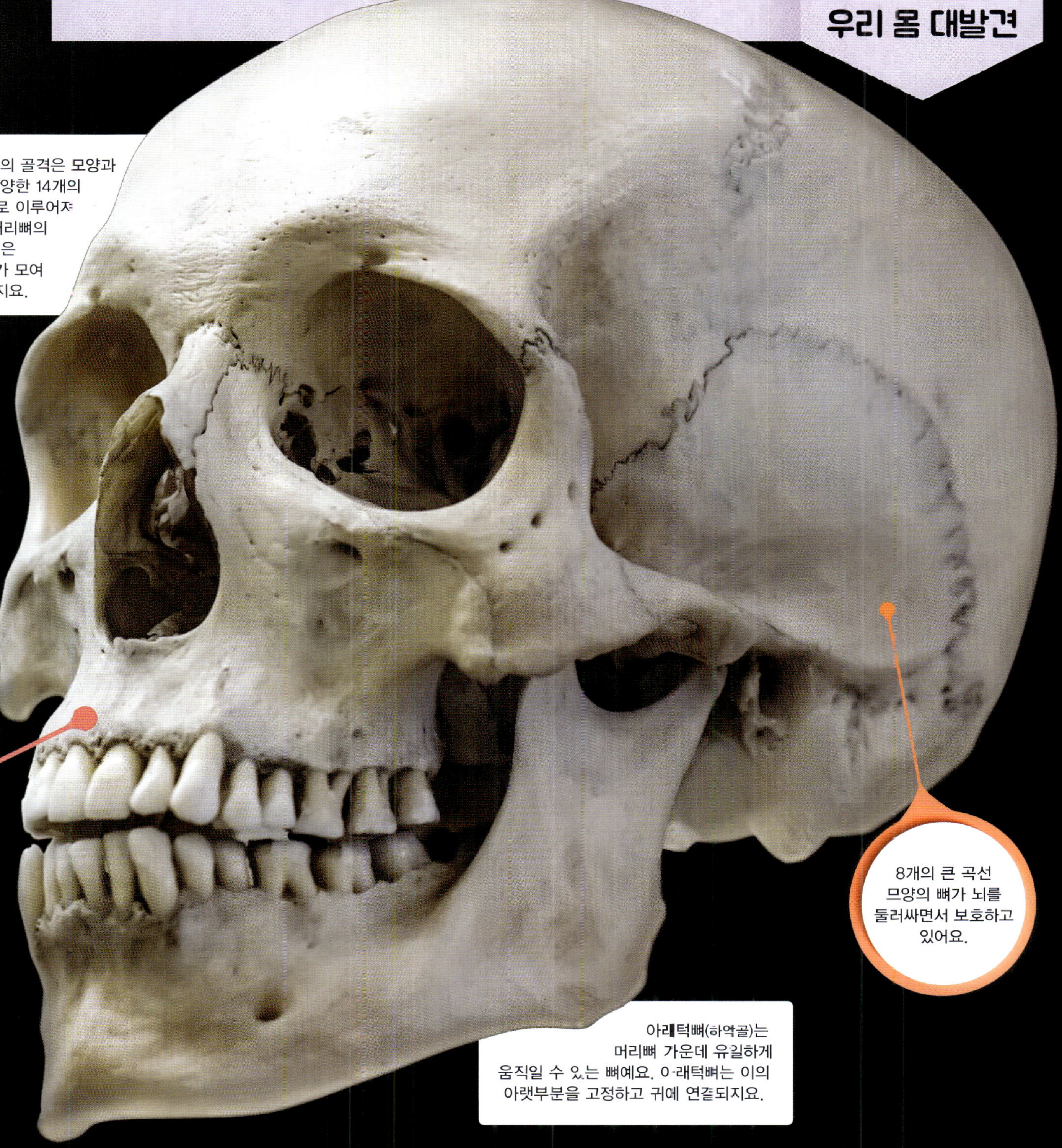

얼굴 부분의 골격은 모양과 크기가 다양한 14개의 불규칙뼈로 이루어져 있어요. 머리뼈의 맨 윗부분은 8개의 뼈가 모여 이루어지지요.

8개의 큰 곡선 모양의 뼈가 뇌를 둘러싸면서 보호하고 있어요.

아래턱뼈(하악골)는 머리뼈 가운데 유일하게 움직일 수 있는 뼈예요. 아래턱뼈는 이의 아랫부분을 고정하고 귀에 연결되지요.

알고 있나요? 얼굴의 뼈들은 아래턱뼈와 콧구멍 사이의 코숨뼈를 제외하면 모두 쌍으로 존재하며 대칭을 이루고 있어요.

31

뼈의 성장

뼈는 칼슘, 인, 나트륨 같은 무기염류(무기질)에 의해 만들어져요. 또 여러 조직에 힘과 신축성을 부여하는 단백질인 콜라겐도 가지고 있지요. 이러한 구성성분들 덕분에 뼈는 성장할 수 있고, 부러져도 다시 붙을 수 있어요.

자라나는 뼈

뼈는 부드럽고 고무 같은 물렁뼈로부터 자라나요. 물렁뼈 내부에서 뼈의 작은 덩어리가 발달하기 시작하지요. 이 부위를 뼈되기 중심이라 하고, 부드러운 조직이 뼈가 되면서 단단해지는 과정을 뼈되기라 해요. 이 부위가 넓어지면서 사람의 물렁뼈는 뼈가 되고, 뼈는 점점 더 길어져요.

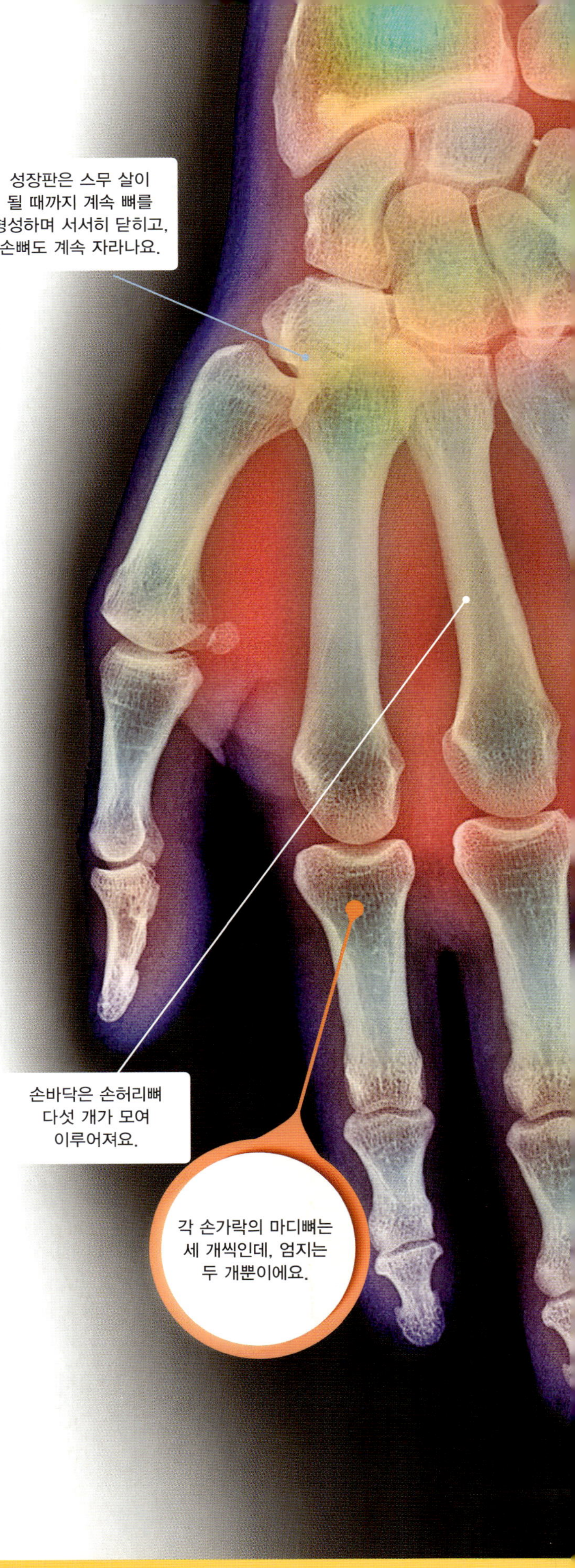

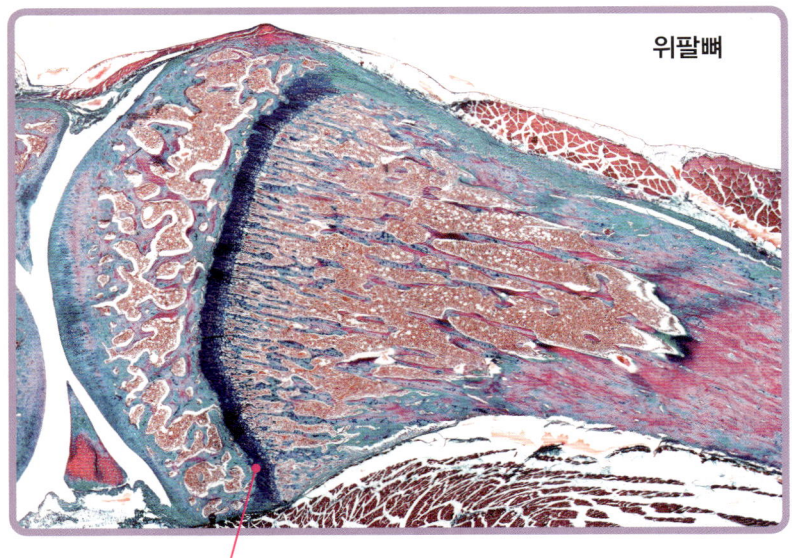

위팔뼈

긴뼈의 양 끝에는 성장판(짙은 파란색)이 있고, 여기에서 새로운 물렁뼈 세포가 형성돼요.

성장판은 스무 살이 될 때까지 계속 뼈를 형성하며 서서히 닫히고, 손뼈도 계속 자라나요.

손바닥은 손허리뼈 다섯 개가 모여 이루어져요.

각 손가락의 마디뼈는 세 개씩인데, 엄지는 두 개뿐이에요.

알고 있나요? 전 세계 인구 가운데 절반 이상이 열여덟 살 이전에 뼈가 부러지는 경험을 해요. 어린이는 주로 팔목, 팔꿈치, 손가락, 빗장뼈(쇄골)를 다치지요..

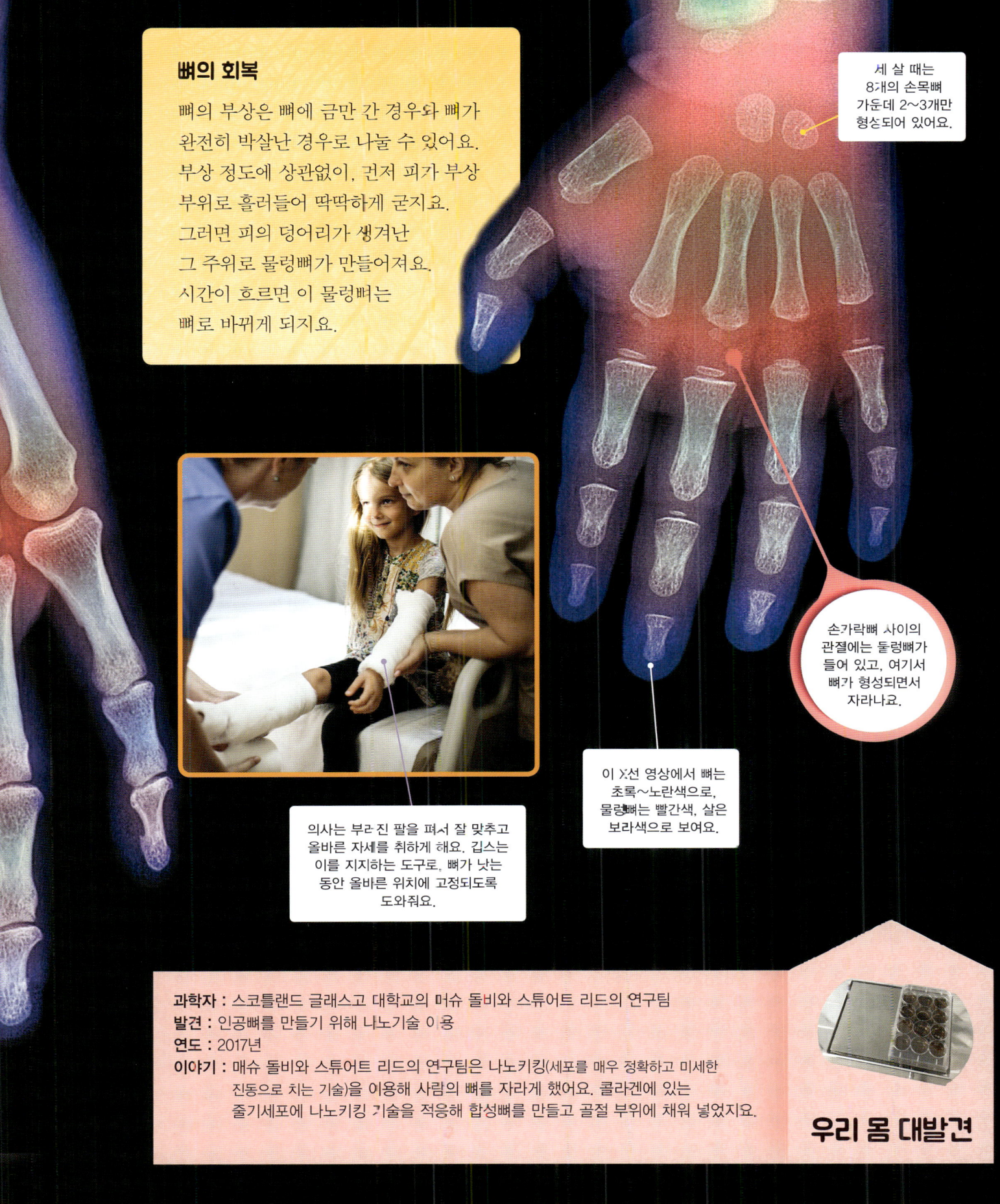

뼈의 회복

뼈의 부상은 뼈에 금만 간 경우와 뼈가 완전히 박살난 경우로 나눌 수 있어요. 부상 정도에 상관없이, 먼저 피가 부상 부위로 흘러들어 딱딱하게 굳지요. 그러면 피의 덩어리가 생겨난 그 주위로 물렁뼈가 만들어져요. 시간이 흐르면 이 물렁뼈는 뼈로 바뀌게 되지요.

세 살 때는 8개의 손목뼈 가운데 2~3개만 형성되어 있어요.

손가락뼈 사이의 관절에는 둘렁뼈가 들어 있고, 여기서 뼈가 형성되면서 자라나요.

이 X선 영상에서 뼈는 초록~노란색으로, 물렁뼈는 빨간색, 살은 보라색으로 보여요.

의사는 부러진 팔을 펴서 잘 맞추고 올바른 자세를 취하게 해요. 깁스는 이를 지지하는 도구로, 뼈가 낫는 동안 올바른 위치에 고정되도록 도와줘요.

과학자 : 스코틀랜드 글래스고 대학교의 머슈 돌비와 스튜어트 리드의 연구팀
발견 : 인공뼈를 만들기 위해 나노기술 이용
연도 : 2017년
이야기 : 매슈 돌비와 스튜어트 리드의 연구팀은 나노키킹(세포를 매우 정확하고 미세한 진동으로 치는 기술)을 이용해 사람의 뼈를 자라게 했어요. 콜라겐에 있는 줄기세포에 나노키킹 기술을 적용해 합성뼈를 만들고 골절 부위에 채워 넣었지요.

우리 몸 대발견

관절

사람의 몸에서 뼈와 뼈가 만나는 곳에는 약 400개의 관절이 있어요. 어떤 관절들은 고정되어 있고, 어떤 관절들은 어느 정도 움직일 수 있지요. 예를 들어 척추 사이에 있는 물렁뼈 주위의 관절들은 움직임이 아주 적은 편이에요. 그러나 나머지 대부분의 관절은 자유롭게 운동할 수 있지요. 뼈의 끝 모양이 각 관절이 얼마나 운동할 수 있는지를 결정해요.

움직일 수 있는 관절의 종류

중쇠관절은 길이가 긴 뼈를 축으로 해 다른 뼈가 회전하는 관절이에요. 안장관절에서는 하나의 뼈가 말 위에 마부가 앉는 것처럼 다른 뼈 위에 놓이지요. 경첩관절 부위에서는 단순히 뼈를 구부리고 펼 수 있어요. 평면관절에서는 평평한 뼈가 앞뒤로 또는 옆으로 미끄러지듯 움직이지요. 타원관절은 계란 모양의 볼록한 뼈가 오목한 모양의 뼈와 맞닿아 있는 부위로 대부분의 방향으로 회전할 수 있어요. 절구관절은 뼈의 동그란 끝부분이 컵 모양에 잘 들어맞는 부위로 움직이기에 제일 좋아요.

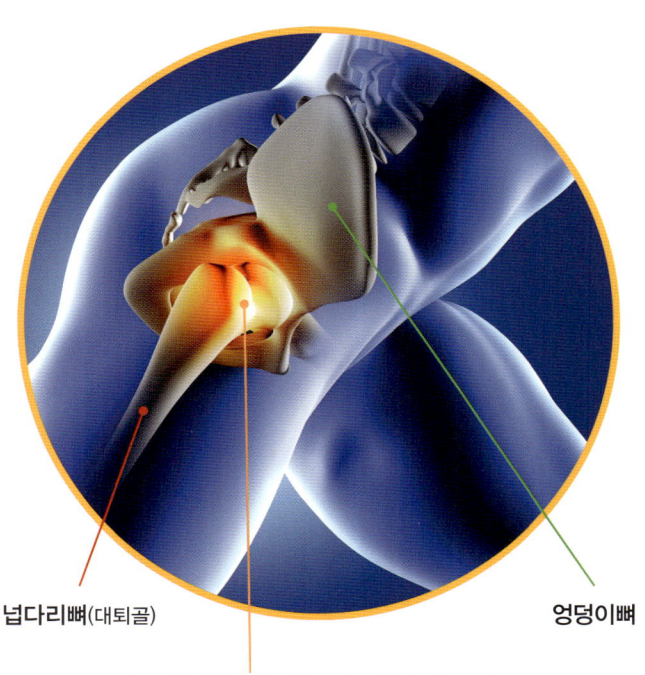

넙다리뼈(대퇴골)   **엉덩이뼈**

넙다리뼈 윗부분은 둥근 공 모양을 하고 있어 엉덩이뼈의 둥근 구멍에 잘 맞아요. 이런 모양 덕분에 위아래, 앞뒤 회전운동이 쉽지요.

서커스를 하는 곡예사는 때때로 '두 개의 관절을 가졌다'는 이야기를 들어요. 이들이 실제로 관절을 더 많이 가진 것은 아니지만 훨씬 더 유연한 관절을 가진 것은 사실이지요.

어깨 관절은 사람의 몸에서 가장 움직이기 쉬운 관절 가운데 하나예요.

알고 있나요? 성인의 머리뼈는 고정된 관절을 갖고 있어요. 봉합선이라 하는 결합 조직이 뜨개질하듯 뼈를 결합시켜 머리뼈가 움직일 수 없게 하지요.

과학자 : 존 찬리
발견 : 전체 엉덩이뼈를 재건하는 수술법 개발
연도 : 1962년
이야기 : 초기의 엉덩이뼈 재건술은 통증이 심하고, 운동기능을 제대로 복원하지 못했으며, 때로는 수술 후 움직일 때마다 소리가 나기도 했어요. 영국의 정형외과 의사인 존 찬리가 마찰이 적은 인공 엉덩이 관절을 개발했고, 그 수술기법은 오늘날에도 여전히 이용되고 있어요.

우리 몸 대발견

팔목에는 타원관절이 있어요. 두 개의 손목뼈의 둥근 끝부분이 팔 아래쪽 뼈인 노뼈(요골)의 끝에 있는 계란 모양의 구멍에 꼭 맞지요.

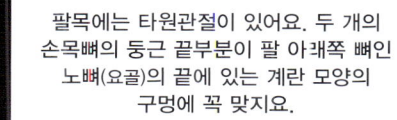

미끄러운 액체

움직일 수 있는 관절에서 뼈의 끝부분은 물렁뼈로 덮여 있고, 계란 흰자 같은 끈끈한 액체에 담겨 있어 움직임이 매끄러워요. 움직일 수 있는 관절을 윤활관절이라고도 하지요.

무릎 관절에서 넙다리뼈, 정강이뼈, 무릎뼈 같은 뼈와 뼈가 만나는 부위에는 윤활액이 있어 마찰을 줄여 줘요.

근육

근육은 수축*과 이완*을 할 수 있는 조직으로 사람의 움직임을 조절해요. 사람의 몸에 있는 약 650개의 골격근이 뼈에 붙어 뼈를 움직이게 하지요. 또 골격근과는 다른, 장기를 움직이는 근육도 있어요. 심장근과 민무늬근이 이에 해당하지요. 민무늬근은 주로 장기의 벽을 형성해요.

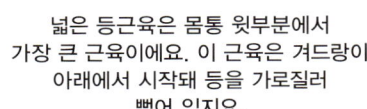

넓은 등근육은 몸통 윗부분에서 가장 큰 근육이에요. 이 근육은 겨드랑이 아래에서 시작돼 등을 가로질러 뻗어 있지요.

근육세포(근섬유)의 특징

골격근은 길고 강한 근육세포로 이루어져 빠르고 강하게 수축할 수 있지만, 수축을 오래 유지하지는 못해요. 그에 비해 심장근은 짧은 근육세포가 복잡하게 엇갈려 있는 구조이기 때문에 규칙적인 움직임을 유지할 수 있지요. 민무늬근을 형성하는 짧은 근육세포들은 평평한 판들을 형성함으로써 장기간 수축도 할 수 있어요.

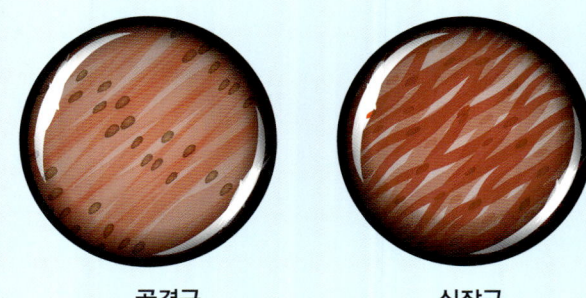

골격근　　　심장근　　　민무늬근

각 근육은 특징적인 구조와 고유한 기능을 지녀요. 사람 몸에 있는 대부분의 근육은 골격근이지요.

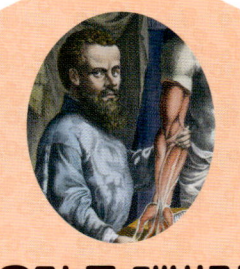

우리 몸 대발견

과학자 : 안드레아스 베살리우스
발견 : 사람의 근육에 대해 기록
연도 : 1543년
이야기 : 벨기에 북부 출신의 해부학자 안드레아 베살리우스는 《인체 구조에 대해》라는 책을 썼어요. 이 책은 인체 해부학의 바탕을 흔드는 책이었지요. 베살리우스는 사체를 해부해 근육과 여러 계통을 직접 연구했어요. 그 결과 그의 책에는 믿을 수 없을 정도로 자세하고 정확한 그림들이 그려졌어요.

*수축 : 근육 따위가 오그라듦.
*이완 : 굳어서 뻣뻣하게 된 근육 따위가 원래의 상태로 풀어짐.

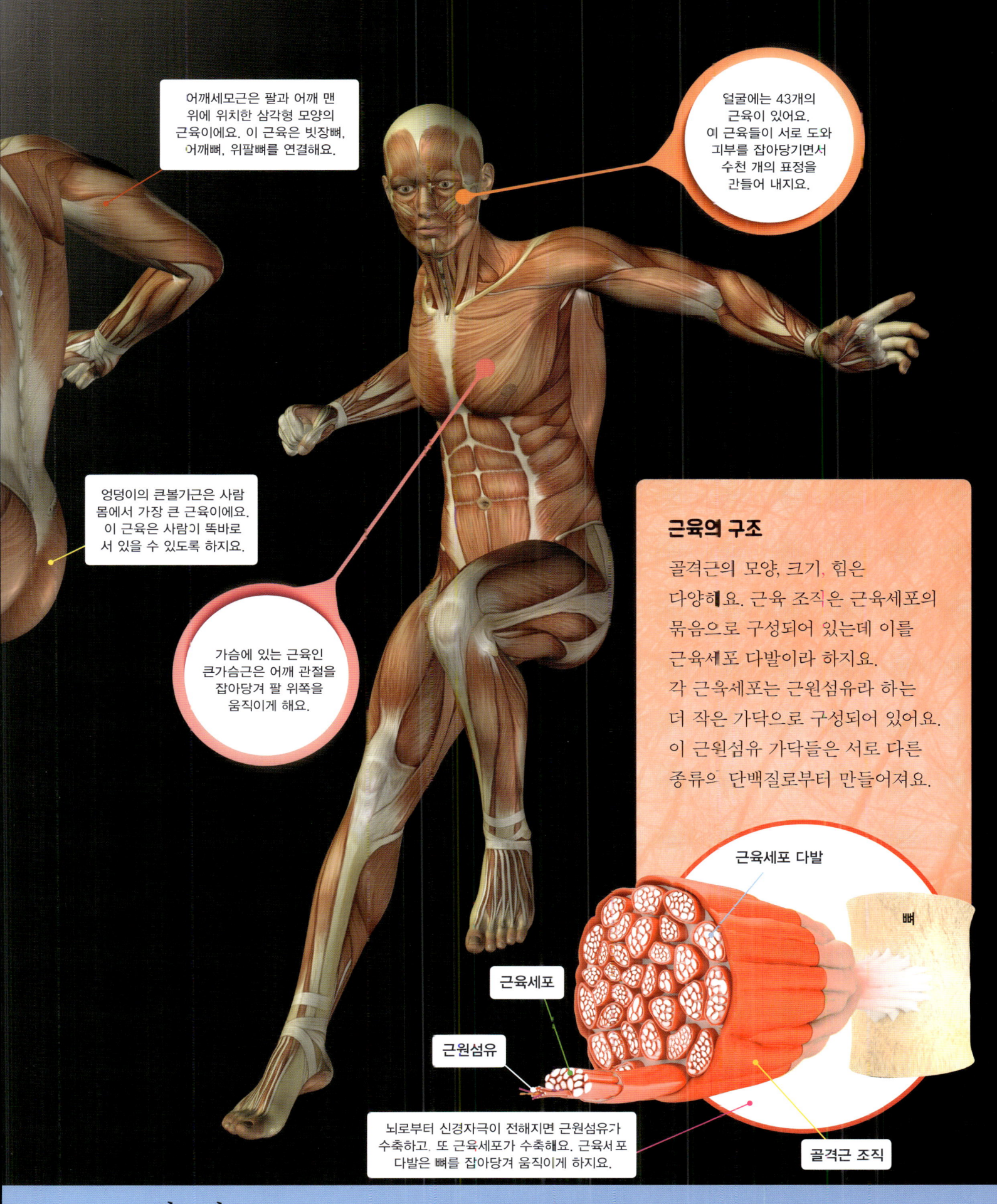

운동

달리기, 점프, 던지기 같은 움직임은 모두 근육에 의존해요. 근육이 뼈에 어떻게 영향을 주는지에 따라 움직임이 결정되지요. 골격근은 힘줄에 의해 뼈에 붙어 있어서, 수축하면서 뼈를 잡아당겨 우리 몸을 움직이게 해요. 그런데 근육은 당기기만 할 뿐 밀지는 못하므로 많은 경우 근육은 쌍으로 움직여요.

반대 기능을 하는 쌍

근육은 쌍을 지어 함께 일하는데 하나의 근육이 수축할 때 다른 근육이 이완되는 식으로 서로 반대로 기능하지요. 예를 들어 팔 위쪽에 있는 두갈래근과 세갈래근은 함께 기능을 해 팔을 구부리거나 펴게 해요.

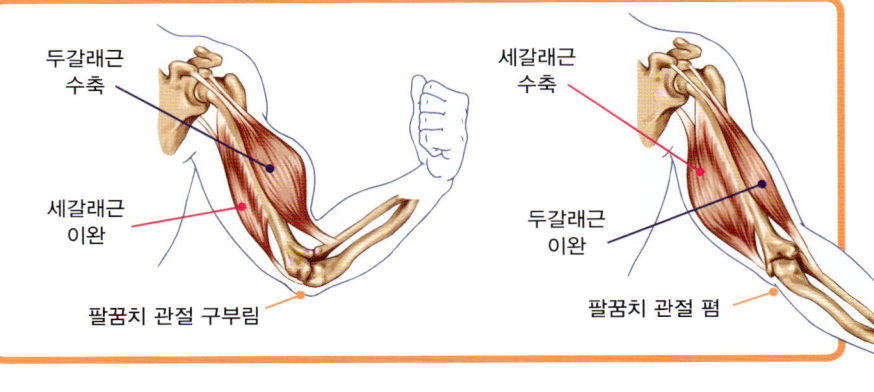

힘줄과 인대

콜라겐섬유는 단백질로 된 길고 강한 끈이에요. 뼈막에 붙어 뼈와 뼈, 뼈와 근육을 연결하지요. 뼈와 뼈를 연결하는 것은 인대라 하고, 뼈와 근육을 연결하는 것은 힘줄이라 해요.

아킬레스건은 사람의 몸에서 가장 두껍고 강한 힘줄로, 길이는 15센티미터 정도예요. 이 힘줄은 발꿈치뼈부터 종아리근육까지 뻗어 있지요.

점프를 하면 우리 몸에 큰 힘이 가해지는데 이때 아킬레스건은 몸무게의 10배까지도 견딜 수 있어요.

알고 있나요? 그리스 신화에 따르면 영웅 아킬레스는 발뒤꿈치에 화살을 맞아 죽었다고 해요. 그래서 '아킬레스건'은 '치명적인 약점'이라는 뜻도 가져요.

피부

사람의 몸에서 가장 큰 장기가 피부라는 것을 아나요? 피부는 해로운 작은 개체가 몸 안으로 들어오는 것을 막아줘요. 털과 땀샘은 몸의 온도를 일정하게 유지하고, 신경종말이 있어서 촉각을 느끼게도 하지요.

보호층

사람의 피부는 가장 두꺼운 부분도 1.5밀리미터를 넘지 않아요. 피부의 가장 바깥층을 표피라 해요. 표피에서는 매분 4,000개 정도의 세포가 죽어 떨어져 나가고, 피지라는 지방성 물질이 있어 피부를 보호해요. 표피 바로 아래에 있는 진피에는 혈관과 감각수용기, 샘이 있지요. 가장 아래층은 피부밑 조직으로 근육, 뼈, 장기와 직접 닿아 있어요.

몸의 부위마다 표피의 두께가 달라요. 가장 얇은 층은 눈꺼풀에 있지요.

피부의 층

표피
1. 모공
2. 죽은 피부세포의 표면층
3. 털줄기

진피
4. 모낭
5. 나선형 땀샘
6. 피지선
7. 털세움근
8. 감각신경

피부밑 조직
9. 혈관
10. 지방

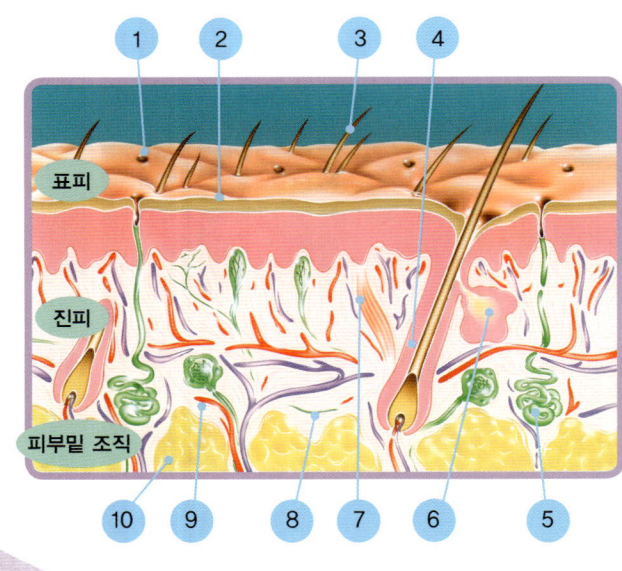

우리 몸 대발견

과학자: 윌리엄 허셜과 헨리 폴즈
발견: 지문
연도: 1858년, 1880년
이야기: 인도에서 공무원으로 일하던 윌리엄 허셜은 1858년부터 법적인 서류에서 사람의 구별을 위해 지문을 이용했어요. 스코틀랜드의 의사 헨리 폴즈는 범죄 해결을 위해 지문을 이용한 최초의 사람이지요. 폴즈는 1880년 지문을 그룹으로 구분했지요.

알고 있나요? 지문의 모양은 사람마다 달라요. 심지어 쌍둥이들도 지문은 서로 다르지요.

놀라운 멜라닌

멜라닌은 표피에서 발견되는 색소예요. 멜라닌은 햇빛의 위험한 자외선으로부터 피부세포를 보호하지요. 피부와 털의 색이 검은 것도 멜라닌 때문이에요. 피부가 더 진한 사람일수록 피부암 발생 가능성이 낮다고 해요.

주근깨는 멜라닌을 과다 생산하는 피부세포들의 모임이에요. 흰 살결에서 잘 보이지요.

멜라닌이라 하는 색소는 피부색의 진하기를 결정해요.

젊은 피부는 매끈하고 탄력이 있어요. 시간이 흘러 나이가 들면 표피가 탄력을 잃게 되지요.

털, 손톱과 발톱

머리카락과 손톱에 신경을 쓰고 꾸미는 일은 사람들의 외모에 큰 영향을 주고 개성의 한 부분이 돼요. 그러나 이 부위들 역시 그 중요성이 보이는 데만 있는 것은 아니에요. 케라틴이라는 단단한 단백질로 된 이 부위들은 몸 보호하기와 같은 다른 중요한 일들도 맡고 있지요.

케라틴 가닥

털은 모낭으로부터 밀려 올라간 죽은 세포로 된 강한 케라틴 가닥이에요. 털줄기 뿌리 부분에서 살아 있는 세포가 털이 길게 자라도록 분열을 하지요. 긴 털들은 두피를 보호하고 따뜻하게 유지해요. 몸에 많은 짧고 미세한 털들은 피부가 촉각에 민감하게 반응하도록 하지요.

두피를 1,320배 확대한 주사전자현미경 사진이에요. 털이 나오고 있는 바닥 부분에서 꽃 모양의 털껍질을 볼 수 있지요. 이 털껍질은 죽은 세포가 여러 층 겹쳐진 것으로 나머지 털줄기 부위를 보호하고 강화시켜요.

나미비아 북서부에 살고 있는 힘바족 여성들은 정교한 머리 모양으로 유명해요.

아프리카 힘바족의 머리 모양은 나이대에 따라 달라져요. 이 사진은 사춘기 소녀의 머리 모양을 보여 주지요.

우리 몸 대발견

과학자: 고대 이집트인
발견: 머리카락을 염색하기 위해 헤나라는 적갈색 염료 사용
연도: 기원전 1574년
이야기: 헤나라는 식물을 말려서 곱게 갈면 적갈색 염료를 얻을 수 있어요. 인디언 신체 예술가들은 5,000년 전부터 피부를 장식할 때 이 염료를 사용해 왔어요. 기원전 1574년 고대 이집트인들이 만든 여왕의 미라에서는 이 염료가 머리카락을 염색하는 데 쓰였다는 최초의 증거를 발견할 수 있지요.

알고 있나요? 중국인 셰 추핑은 가장 긴 머리카락을 가진 사람으로 기록을 세웠어요. 2004년에 측정한 그녀의 머리카락 길이는 5.6미터였어요!

가운데 손톱은 다른 손톱들보다 빨리 자라요. 고기, 우유, 달걀과 같이 단백질이 풍부한 음식은 손톱과 발톱이 건강하게 자라도록 도와주지요.

손톱과 발톱의 성장

모든 영장류와 마찬가지로 사람도 손톱이 있어요. 손톱은 가려울 때 긁기, 과일 껍질 벗기기 같은 아주 다양한 일을 할 수 있지요. 의사들은 손톱으로 건강 상태를 알 수도 있어요. 털과 마찬가지로 손톱과 발톱은 살아 있는 피부로부터 자라난 것이지만, 우리가 보는 부분은 죽은 세포예요. 손톱은 1주에 약 1밀리미터 정도씩 자라나요.

2015년에 기록된 시리다르 칠랄의 왼쪽 엄지손톱의 길이는 약 2미터였어요. 왼손 손톱 다섯 개의 길이를 모두 합하면 무려 9미터였지요.

이 땋은 머리는 염소의 털과 버터와 빨간 바위로부터 얻은 색소를 섞어 염색한 것이에요.

몸에 대한 탐구

사람 몸의 구조를 공부하는 학문인 해부학이 없었다면 몸의 각 부위가 어떤 일을 하고 있는지 그리고 잘못된 기능을 하는 경우 어떻게 치료할 것인지에 대한 실마리를 찾지 못했을 거예요. 최초의 해부학 책은 기원전 1600년경 이집트에서 기록됐지만, 사람들의 몸에 대해 호기심은 선사시대부터 시작되었지요.

> 해부학적인 그림은 사람의 몸을 놀라울 정도로 자세하게 보여 줘요. 이 힘줄은 근육이 전혀 없는 손가락을 움직이게 하지요.

몸을 들여다보는 방법

1600년대부터 해부학자들은 현미경을 이용해 사람 몸을 확대해 관찰하기 시작했어요. 하지만 장기의 경우 현미경으로는 사람이 죽은 후에나 몸을 해부해 관찰할 수 있었지요. 이후 X선 검사, 전산화단층촬영, 자기공명영상, 양전자방출단층촬영 같은 방사선 의학 기법의 발달로 사람들은 살아 있는 몸의 내부도 볼 수 있게 되었어요.

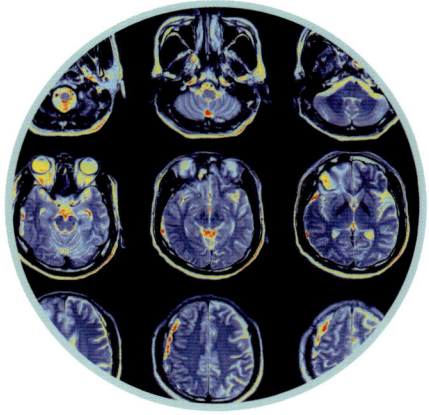

자기공명영상은 자기장* 내에서 원자들이 어떻게 전파*를 흡수하고 방출하는지에 따라 영상을 만들어 내요.

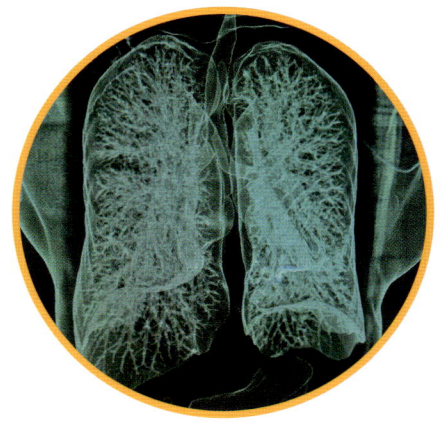

전산화단층촬영은 여러 각도로 몸을 통과할 수 있도록 X선을 쏜 뒤 이들이 만들어내는 영상을 조합해 2차원 또는 3차원 영상을 만들어 내요.

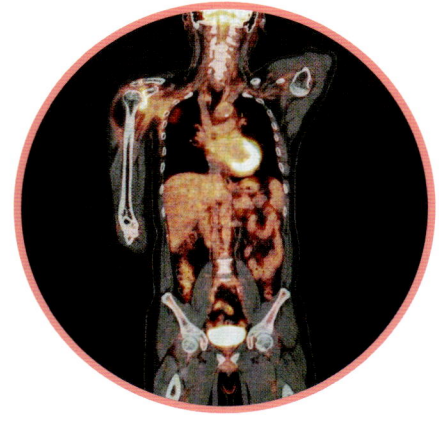

양전자방출단층촬영은 우리 몸에 방사성 물질을 주사한 뒤 그 분포 상태를 찍는 방식이에요. 장기와 조직, 때로는 전기적 활동에 대해서도 상세한 영상을 볼 수 있지요.

우리 몸 대발견

과학자 : 아리스토텔레스
발견 : 비교해부학
연도 : 기원전 350년
이야기 : 그리스의 철학자 아리스토텔레스는 여러 동물을 해부해 비교했어요. 아리스토텔레스는 여러 동물의 몸에서 발견되는 공통점과 차이점을 연구하면 동물의 몸이 어떻게 기능하는지 알 수 있다고 생각했지요. 이러한 접근법은 아리스토텔레스가 행운의 발견을 하게 도왔지만 몸에 대한 몇몇 잘못된 결론도 짓게 했어요.

*자기장 : 자석이 갖는 작용이나 성질이 미치는 공간.
*전파 : 전하의 진동 또는 전류의 변화에 의해 에너지가 공간으로 뻗어 나가는 현상.

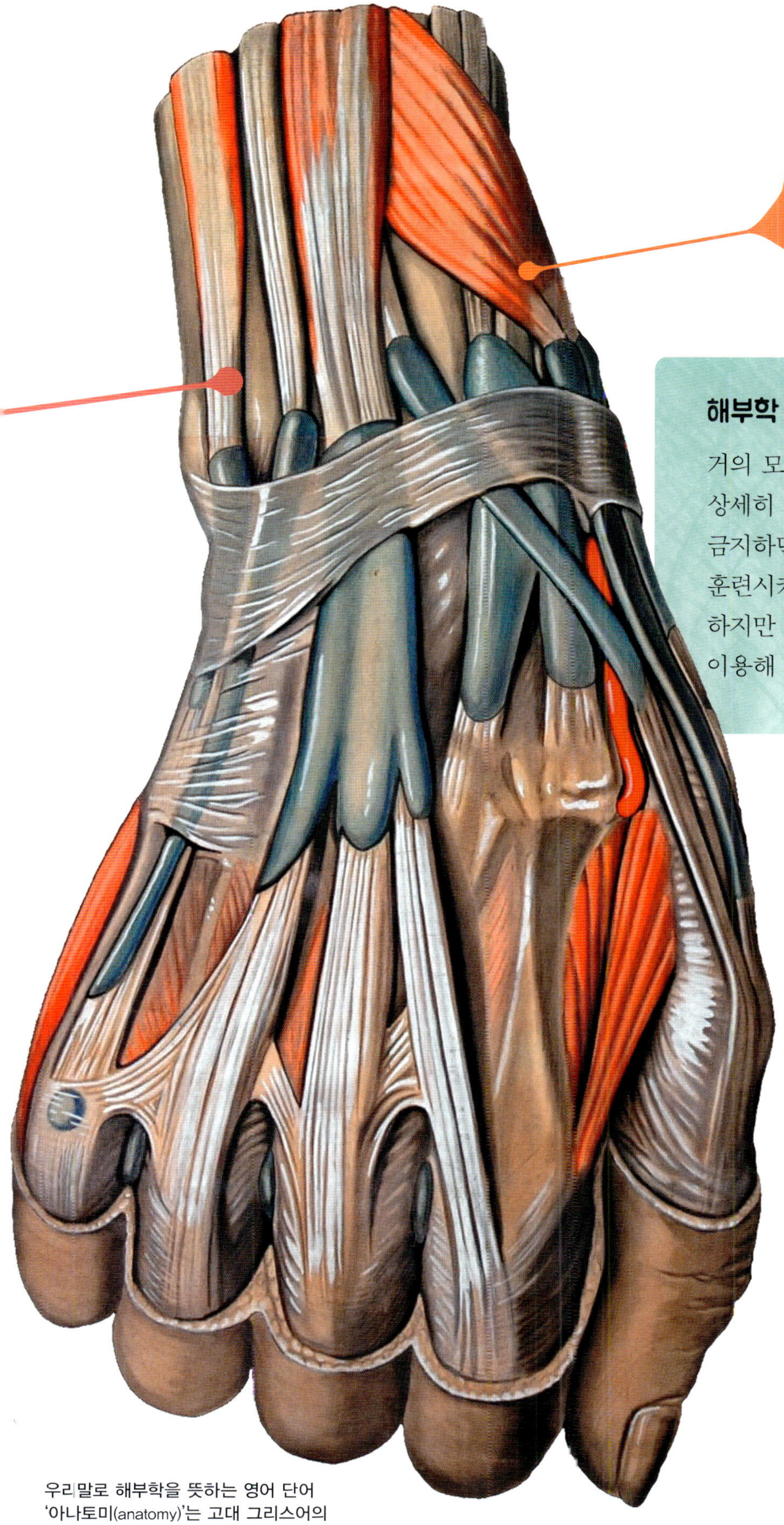

사람의 손뼈는 27개나 돼요. 사람 몸의 뼈 가운데 절반 이상이 손과 발에서 발견되지요.

해부학 실습

거의 모든 문화권에는 사람 몸 내부를 상세히 관찰하기 위해 몸을 절개하는 것을 금지하던 시절이 있었어요. 오늘날에는 의사를 훈련시키기 위해 해부학 실습이 필수적이라고 하지만 몇몇 병원에서는 이제 가상현실을 이용해 교육을 하기도 하지요.

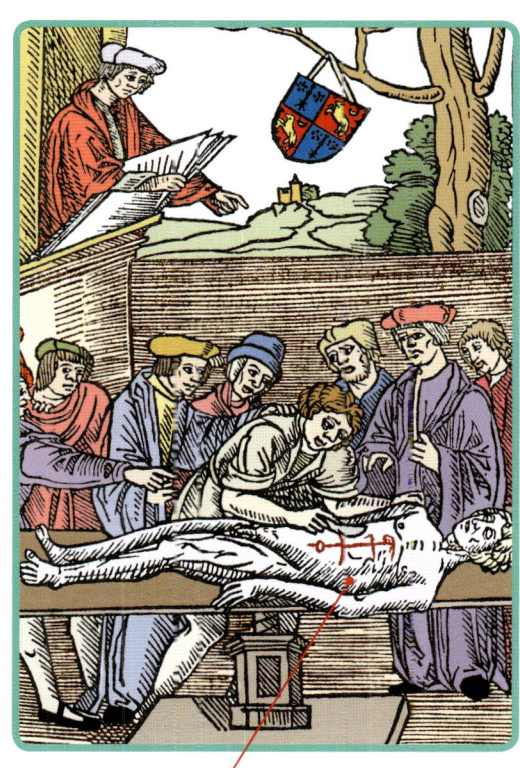

이탈리아의 해부학자 몬디노는 가톨릭교회가 해부를 허용한 직후인 1315년 볼로냐대학교에서 해부를 실시했어요.

우리말로 해부학을 뜻하는 영어 단어 '아나토미(anatomy)'는 고대 그리스어의 '잘라 낸다'는 뜻을 지닌 단어에서 유래했어요.

알고 있나요? 벨기에 출신의 해부학자 안드레아스 베살리우스는 16세기에 시체와 교수형을 당한 범죄자들의 몸을 해부했다고 해요.

몸을 대신하는 기구

사람들은 수천 년 동안 의치, 나무로 만든 다리, 로봇 팔 같은 몸의 일부를 대신하는 인공물들을 만들어 이용해 왔어요. 그래서 사고나 질병으로 장기나 팔다리를 쓸 수 없게 되더라도 인공물로 대체할 수 있었지요. 오늘날에는 재료와 기술이 발전해 더욱 진짜 같은 인공물들이 만들어지고 있어요.

사람 몸의 일부를 대신하는 기계

심박조율기는 가슴 안쪽에 넣는 기구로, 심장이 계속 뛸 수 있게 도와줘요. 기계에 여유 부품이 있는 것처럼 사람의 몸에서 심장의 기능을 대신하기 위해서 만들어진 것이지요. 마찬가지로 투석기계와 인공호흡기는 콩팥과 폐의 기능을 대체하기 위해 이용돼요.

생체자원은행에서는 사람의 줄기세포를 저장해 두어요. 미래에는 줄기세포가 사람의 생명을 구할 새로운 장기를 키우기 위해 이용될지도 몰라요.

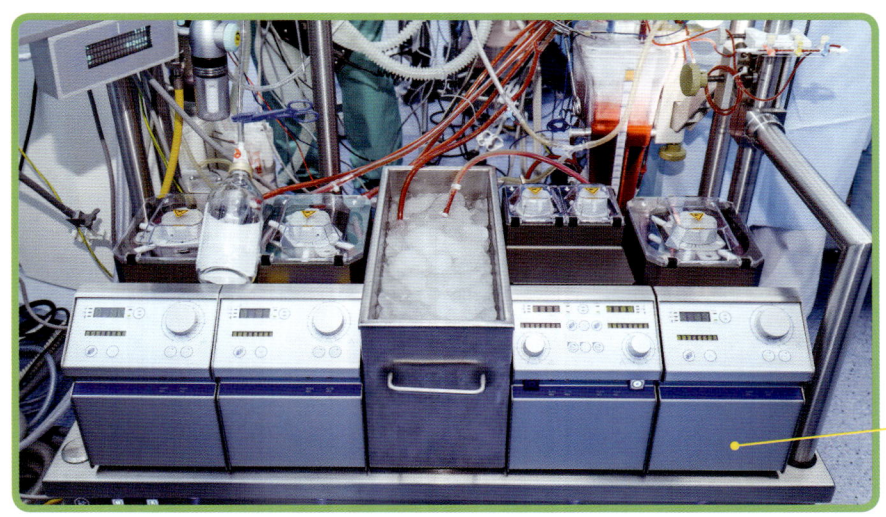

심장과 폐의 기능을 대신하는 이 기계는 수술을 하는 동안 환자의 생명을 유지하기 위해 사용돼요.

이 혈액줄기세포는 곧 누군가에게 이식될 거예요. 이식받는 사람은 덕분에 새로운 혈액세포를 만들어 낼 수 있게 되겠지요.

우리 몸 대발견

과학자 : 앙브루아즈 파레
발견 : 움직일 수 있는 인공사지
연도 : 1550년
이야기 : 프랑스 군대에서 외과의사로 일한 파레는 팔다리를 절단한 병사들이 종종 자살을 한다는 사실을 알았어요. 그래서 팔다리의 기능을 대체할 인공 팔과 인공 다리를 고안했지요. 파레가 발명한 인공 팔다리는 팔꿈치와 무릎 부분을 구부릴 수 있었어요. 파레는 물건을 잡을 수 있는 기계손을 발명하기도 했지요.

살아 있는 장기의 이식

다른 사람이 기증한 장기나 조직으로도 사람의 몸을 대체할 수 있어요. 이 경우에는 환자의 몸에서 자기 몸이 아닌 이식물에 맞서 싸우는 면역 기능을 작동시킬 수 있기 때문에 강력한 면역억제제를 투여하지요. 과학자들은 미래에는 환자의 조직으로부터 환자가 사용할 장기를 직접 만들어냄으로써 면역 계통이 공격하는 것을 막을 수 있을 것이라고 생각해요.

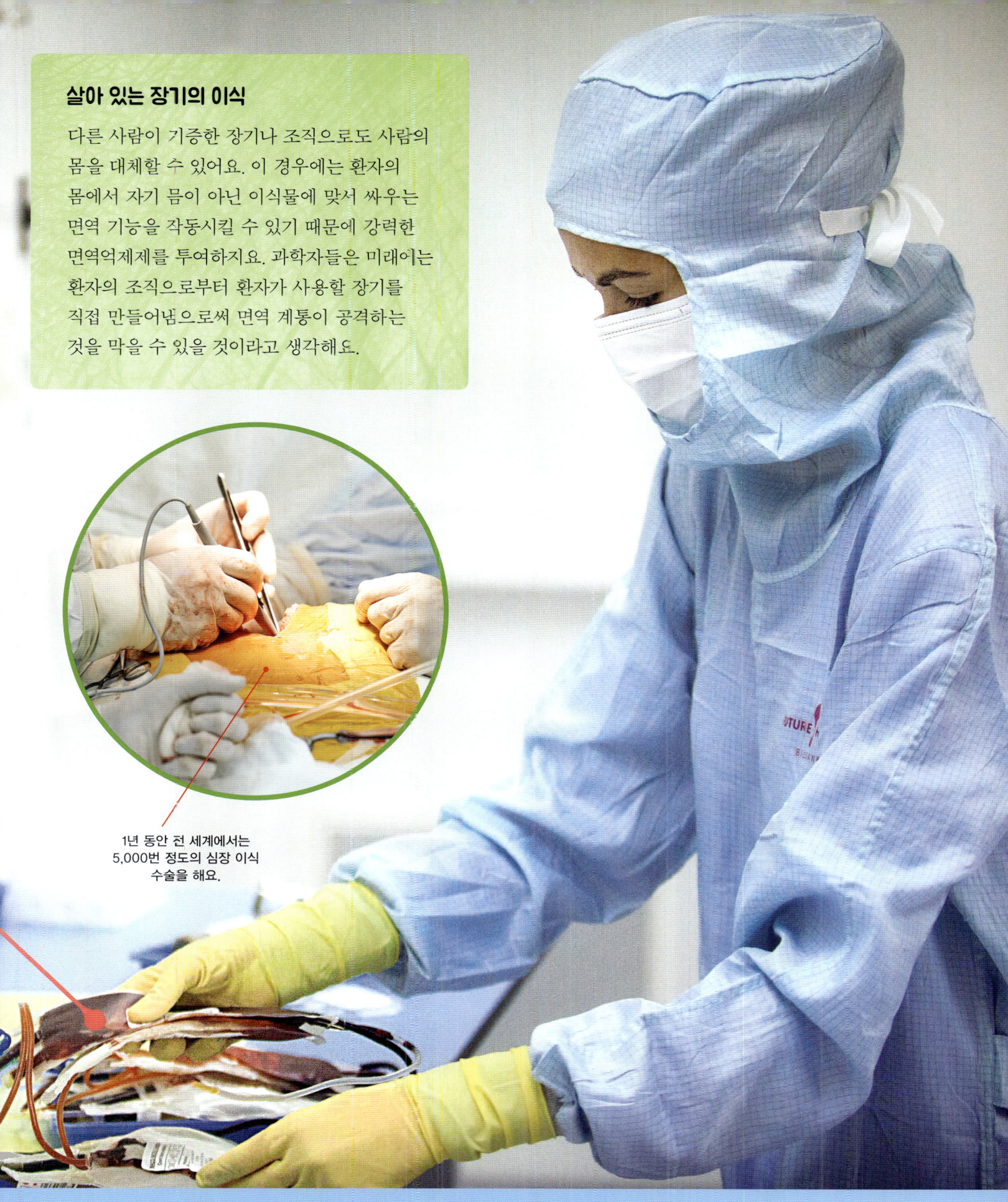

1년 동안 전 세계에서는 5,000번 정도의 심장 이식 수술을 해요.

알고 있나요? 영국 맨체스터대학교의 과학자들은 2017년에 세계 최초로 사람의 줄기세포로부터 실제로 기능을 하는 소형 콩팥을 키워 냈어요.

제3장 폐, 심장, 혈액

심장과 폐

사람의 몸은 살아 있는 동안 규칙적인 흐름을 따라요. 심장은 계속해서 뛰고, 폐는 부풀었다 쪼그라들기를 반복하지요. 생명 유지에 중요한 이 두 장기는 함께 기능해요. 이들은 사람의 생명 유지에 필요한 산소를 공급하고, 노폐물인 이산화탄소를 제거하지요.

필수적인 장기

사람이 숨을 쉬면 산소가 들어와 먼저 폐로 가요. 폐를 통과한 피는 몸 곳곳으로 산소를 운반하지요. 피는 심장이 수축 운동을 하기 때문에 계속해서 온몸을 돌 수 있어요.

심장의 좌심방과 좌심실을 보여 주기 위해 심장 아래쪽을 부분적으로 절개한 전산화단층촬영 사진이에요. 양쪽으로 갈라져 나가 폐로 통하는 혈관(빨간색)과 폐에서 공기가 다니는 길인 기관지(파란색)를 볼 수 있어요.

좌심방

좌심실

우리 몸 대발견

과학자 : 이븐 알 나피스
발견 : 피의 폐순환을 기술
연도 : 1242년
이야기 : 시리아의 의사이자 해부학자인 이븐 알 나피스는 심장의 오른쪽에서 폐로 전달된 피가 다시 심장의 왼쪽으로 돌아오면서 산소를 가지고 온다는 사실을 처음으로 사람들에게 알렸어요. 심장 왼쪽에서 나간 피는 온몸을 돌아다니면서 필요로 하는 곳에 산소를 전달하고 다시 심장으로 돌아오지요.

셰르파는 네팔에서 등산 가이드를 하는 이들이에요. 히말라야산맥에서 수백 년간 살면서 산소가 적은 환경을 극복하는 방법으로 진화해 왔지요.

셰르파가 사는 고지대에는 산소가 아주 적어요.

산소의 전달

폐와 기도는 호흡 계통을 형성하고, 심장과 혈관은 순환 계통을 형성해요. 산소와 이산화탄소는 기체 교환에 의해 한 가지 기체가 다른 기체로 교환되면서 모세혈관이라 하는 작은 혈관을 통해 폐로 들어가고 빠져나오지요. 이 두 기체는 순환 계통을 통해 몸 곳곳으로 운반돼요.

산소 이산화탄소
폐
적혈구
장기

셰르파는 저지대에 사는 사람들보다 피가 묽어서 고지대에서도 혈액순환이 잘돼요. 또 그들의 잘 발달된 모세혈관은 산소를 다른 사람들보다 더 효과적으로 근육, 조직, 장기로 전달하게 돕지요.

셰르파의 세포는 대부분의 사람들과 달라요. 그들의 미토콘드리아는 적은 산소로도 더 많은 에너지를 생산하지요.

우리가 쉬고 있는 순간에도 혈액은 장기에 충분한 양의 산소를 공급하기 위해 1분에 약 15회 정도 폐를 통해 지나가요.

알고 있나요? 에베레스트 산꼭대기와 같이 공기가 적은 곳에서 숨을 쉬면 해수면 높이에서 숨을 쉴 때보다 산소를 3분의 1 정도 덜 들이마시게 돼요.

49

호흡

사람은 하루에 숨을 20,000번 이상 쉬지만 대부분 그 사실을 느끼지 못해요. 사람의 폐는 자동으로 부풀었다 수축하기를 반복하며, 이는 뇌에 의해 조절되지요. 뇌는 사람이 어떤 일을 하는지에 따라 숨을 얼마나 깊이 얼마나 빨리 쉴지 결정해요.

호흡은 생명 유지에 필수적인 활동이지만 사람들은 호흡을 통해 재미를 느끼기도 해요. 비눗방울을 불려면 숨을 들이마시고 내쉬는 과정을 잘 통제할 수 있어야 하지요.

폐로 가는 여정

공기는 입이나 콧구멍으로 들어와 인두를 지나요. 후두개는 음식을 먹거나 음료수를 들이킬 때 음식물이 기관으로 들어가지 않도록 막아 주죠. 폐에 이르면 기관은 주기관지라 하는 두 개의 길로 나눠져요.

비눗방울은 물과 비누를 섞어 만들어요. 비눗방울 속에는 사람이 내쉰 공기가 들어 있지요.

호흡할 때 공기가 지나가는 길인 기도에서 기관은 가장 큰 통로예요. 대부분의 성인이 길이 약 11센티미터, 굵기 약 2센티미터의 기관을 갖지요.

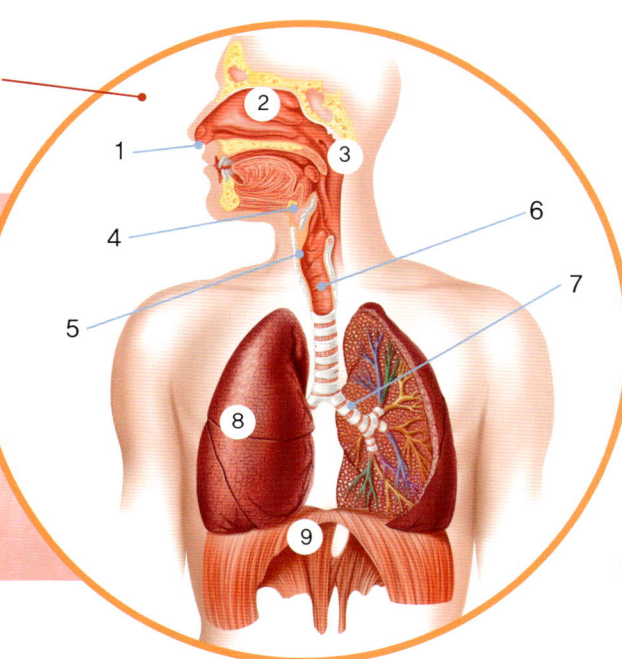

호흡 계통

1. 콧구멍
2. 비강
3. 인두
4. 후두개
5. 후두
6. 기관
7. 기관지
8. 폐
9. 가로막(횡격막)

사람들은 코나 입을 통해 숨을 쉬어요. 코로 숨을 쉬면 입으로 숨을 쉴 때보다 폐가 산소를 더 많이 받아들이지요. 또 비강이 공기를 여과하고 따뜻하게 데워 주기도 해요.

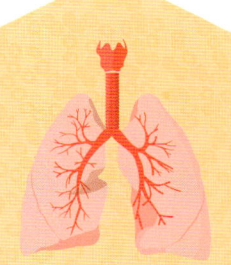

우리 몸 대발견

과학자 : 웨이 주오의 팀
발견 : 처음으로 폐 줄기세포를 이식
연도 : 2018년
이야기 : 2015년에 중국의 웨이 주오 팀은 생쥐의 줄기세포가 손상된 세기관지(52쪽)나 다른 폐 부분을 다시 자랄 수 있게 한다는 것을 발견했어요. 그리고 사람에게서도 줄기세포가 이렇게 기능을 할 수 있음을 알아냈지요. 그들은 환자의 손상된 폐가 회복할 수 있도록 폐 줄기세포를 이식했어요.

알고 있나요? 우리 폐에는 1분마다 10L 정도의 공기가 드나들고 있어요.

충분히 불지 않으면 비눗방울을 만들 수 없어요. 너무 세게 불면 비눗방울은 터지지요.

입술을 오므리면 공기가 좁은 통로를 통과하게 돼요. 통로가 좁아지면 더 빨리, 더 정확히 불 수 있게 되지요.

숨쉬기

가로막은 폐와 배 사이에 있는 가로로 긴 근육이에요. 우리가 숨을 들이쉴 때 가로막이 수축하며 아래로 밀려 내려가고 폐가 부풀어 오를 수 있는 공간을 만들지요. 숨을 내쉴 때는 가로막이 느슨해져요.

들이쉬기
가로막이 수축하며 아래로 밀려가요.
폐는 팽창하지요.
가로막이 아래로 내려가요.

내쉬기
가로막이 이완되면서 위로 올라가요.
폐는 수축하지요.
가로막이 위로 올라가요.

폐의 안쪽

사람이 숨을 쉴 때 폐가 부풀었다 쪼그라들었다 하지만, 폐는 풍선처럼 공기가 찼다가 빠지는 단순한 주머니는 아니에요. 폐의 안쪽에는 수억 개의 아주 작은 공기 통로가 있어서 오히려 부드러운 스펀지와 비슷하지요. 이런 폐의 구조는 손상받기 쉬워요.

왼쪽 폐는 심장에 의해 눌리기 때문에 오른쪽 폐보다 더 작아요.

세기관지

폐 안쪽에 있는 두 개의 주기관지는 다시 세기관지라 하는 더 작은 가지들로 갈라져요. 이 세기관지의 끝에는 폐포(허파꽈리)라고 하는 아주 작은 공기 주머니가 달려있지요.

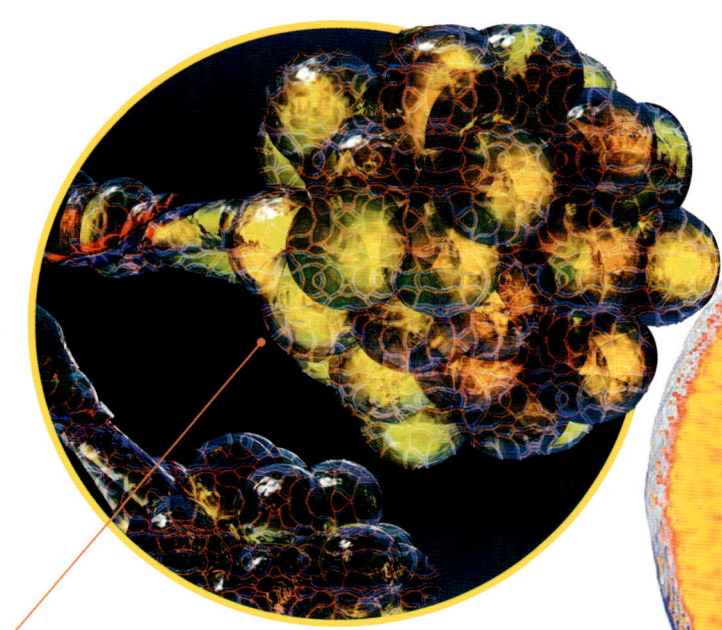

폐포는 마치 포도송이처럼 생겼어요. 폐포는 아주 많은 혈관으로 둘러싸여 있고, 그 혈관에서 산소와 이산화탄소가 서로 교환돼요.

청소하기

기침이나 재채기를 하면 먼지, 꽃가루, 점액소 같은 자극성 입자들이 밖으로 나가면서 기도가 깨끗해져요. 바이러스에 감염돼 감기에 걸려도 기침과 재채기를 하지요. 흡연으로 폐가 손상되면 마른기침이 나고 호흡이 짧아져요.

한 번 재채기를 할 때마다 너무 작아서 맨눈으로 볼 수 없는 미생물 약 40,000 마리가 튀어나와요!

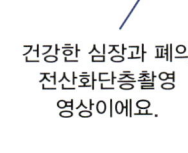

건강한 심장과 폐의 전산화단층촬영 영상이에요.

과학자 : 존 머지
발견 : 흡입기 발명
연도 : 1778년
이야기 : 영국의 의사 존 머지는 계속 기침을 하는 환자를 치료하기 위해 머지 흡입기를 발명했어요. 흡입기는 덮개와 유연한 호흡용 관과 손잡이가 있는 맥주잔 모양이었지요. 뜨거운 물에 약초나 통증을 억제할 수 있는 물질인 아편이나 에테르를 넣었고, 환자는 관을 통해 나오는 증기를 들이켜야 했어요.

우리 몸 대발견

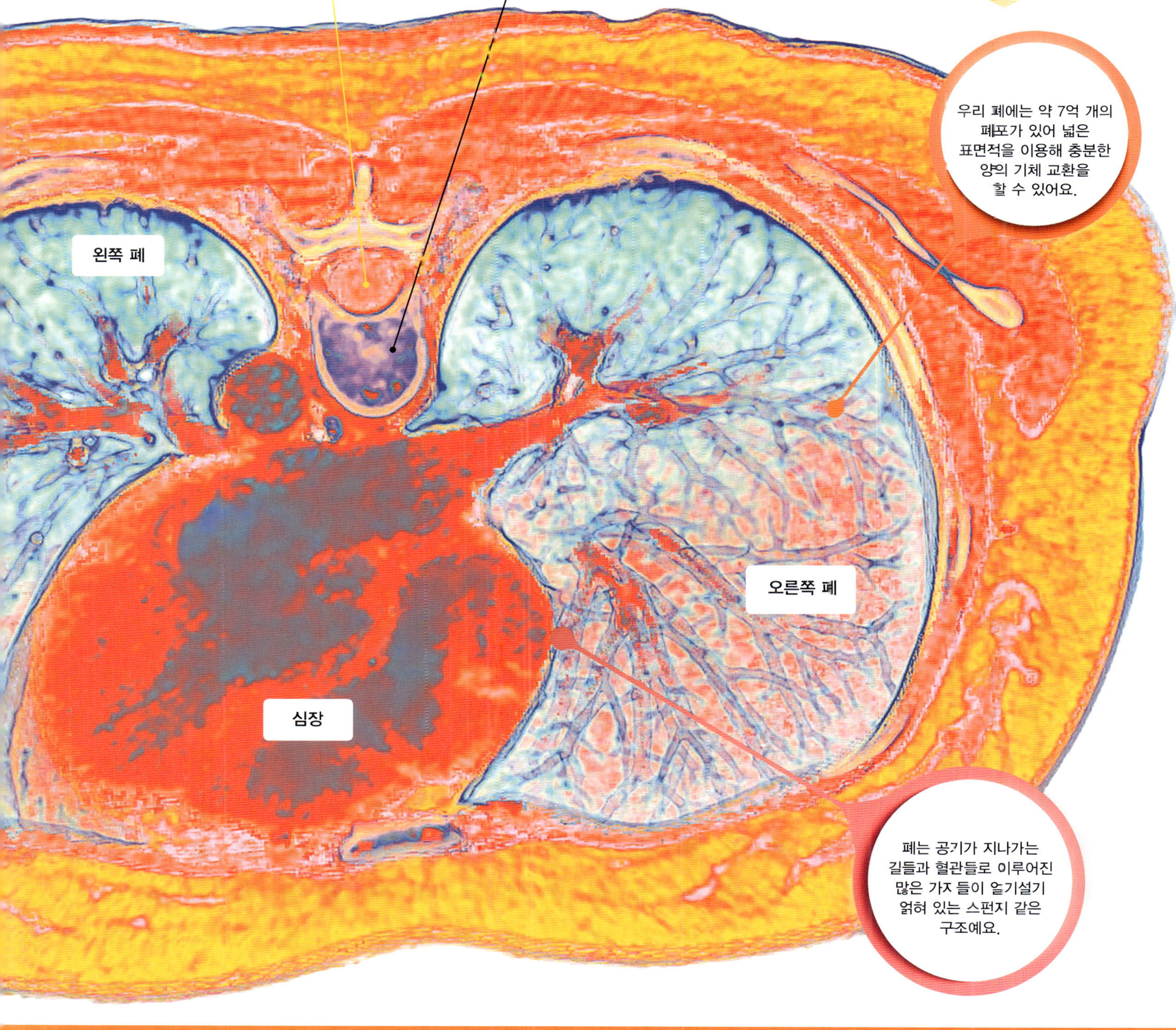

척추
식도
왼쪽 폐
오른쪽 폐
심장

우리 폐에는 약 7억 개의 폐포가 있어 넓은 표면적을 이용해 충분한 양의 기체 교환을 할 수 있어요.

폐는 공기가 지나가는 길들과 혈관들로 이루어진 많은 가지들이 얼기설기 얽혀 있는 스펀지 같은 구조예요.

알고 있나요? 폐포는 표면적이 약 70제곱미터나 돼요. 차를 다섯 대는 세울 수 있는 공간이지요!

53

혈관

혈관은 동맥, 정맥, 모세혈관으로 구분할 수 있어요. 동맥은 심장에서 나온 피가 흐르는 혈관이고, 정맥은 심장으로 가는 피가 흐르는 혈관이지요. 모세혈관은 가장 작은 혈관으로 동맥과 정맥을 연결해요. 모세혈관 벽은 얇아서 주변 세포와 산소, 영양소, 노폐물을 쉽게 주고받을 수 있어요.

동맥과 정맥

동맥은 두껍고, 피를 온몸에 보내기 쉽게 하는 근육 벽을 지녀요. 정맥은 낮은 압력에서 피를 운반하므로 상대적으로 얇은 벽을 가지고 있지요. 정맥에는 피가 거꾸로 흐르지 못하게 막는 판막이 있어서 피가 심장 방향으로만 흐를 수 있어요.

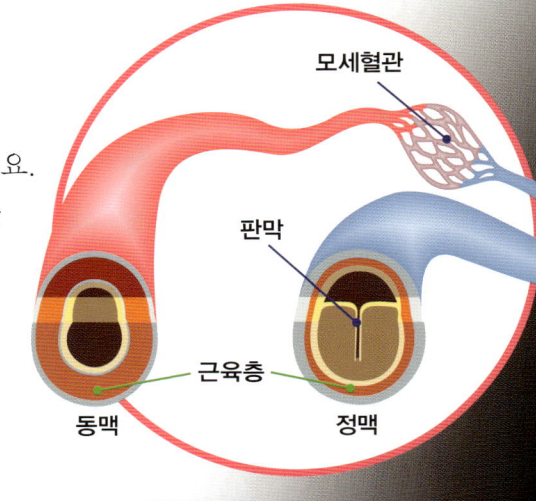

온몸으로 뻗은 혈관

산소, 영양소, 노폐물은 온몸의 조직과 장기에 퍼져 있는 모세혈관을 통해 교환돼요. 모세혈관 벽은 단지 세포 한 층에 불과하므로 기체와 다른 물질이 쉽게 통과할 수 있지요.

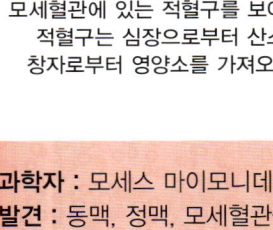

이 주사전자현미경 영상은 간의 모세혈관에 있는 적혈구를 보여 줘요. 적혈구는 심장으로부터 산소를, 창자로부터 영양소를 가져오지요.

우리 몸 대발견

과학자: 모세스 마이모니데스
발견: 동맥, 정맥, 모세혈관을 기술
연도: 1190년대
이야기: 유대인 의사 모세스 마이모니데스는 12세기에 동맥과 정맥의 차이를 기술했어요. 또 모세혈관에 대해 너무 작아서 눈으로 볼 수 없는 좁은 혈관이 동맥과 정맥을 연결하며, 여기서 피와 기체 교환이 일어난다고 기술했지요.

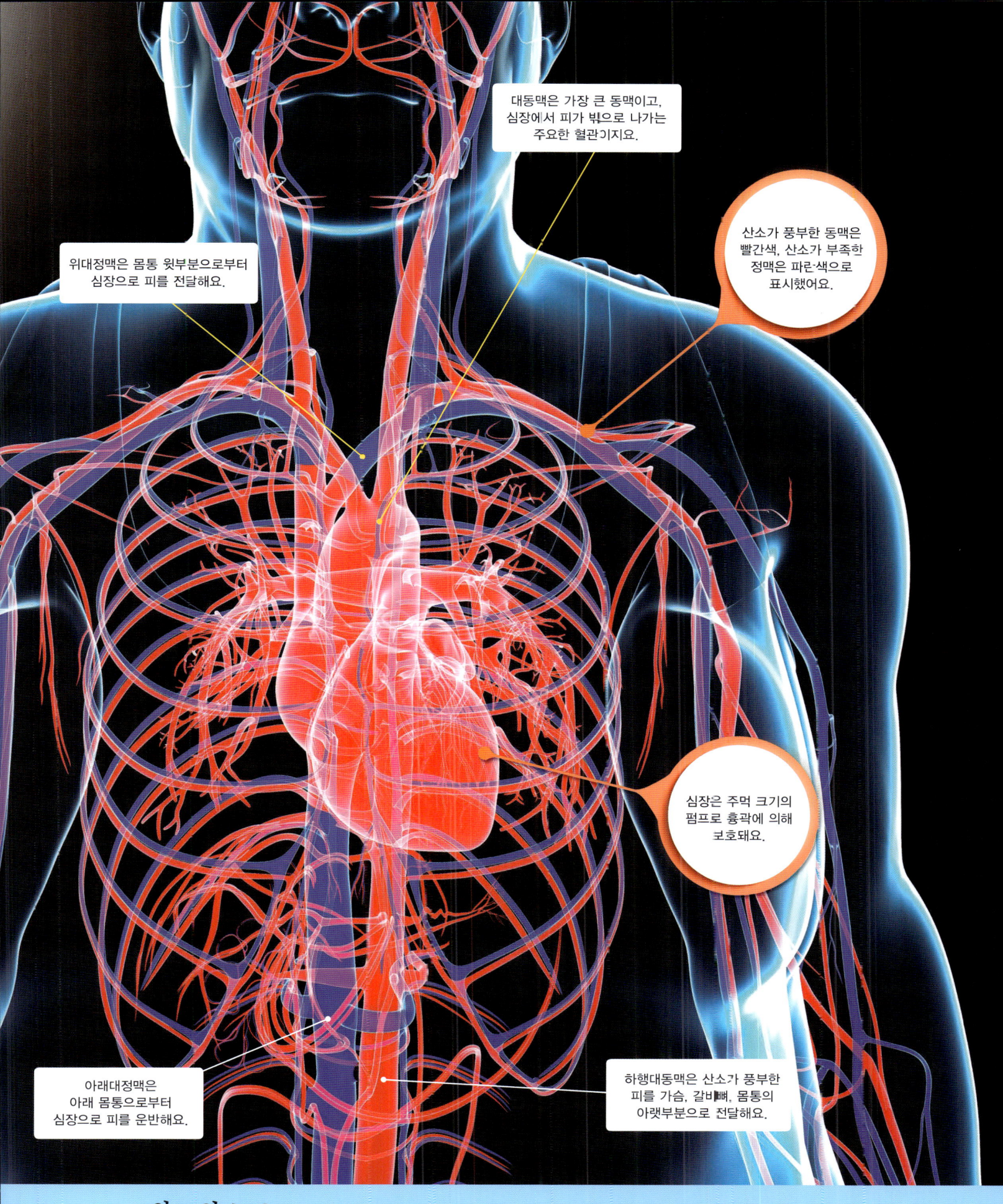

순환

사람의 몸이 기능을 잘 하기 위해서는 혈액순환이 잘 돼야 해요. 피가 사람의 몸 곳곳을 잘 돌아다니도록 하는 힘을 혈압이라 하지요. 혈압이 너무 낮으면 산소와 영양소가 장기의 구석구석까지 전달되기 어렵고, 혈압이 너무 높으면 심장과 여러 장기에 스트레스를 줘요.

이중순환

피는 두 가지 순환을 이용해 온몸을 돌아다녀요. 하나는 폐순환으로 피가 폐로 흘러가 산소를 받아들이는 순환이지요. 다른 하나는 계통순환으로 산소를 많이 지닌 피가 온몸 곳곳을 돌며 산소를 공급하는 순환이에요.

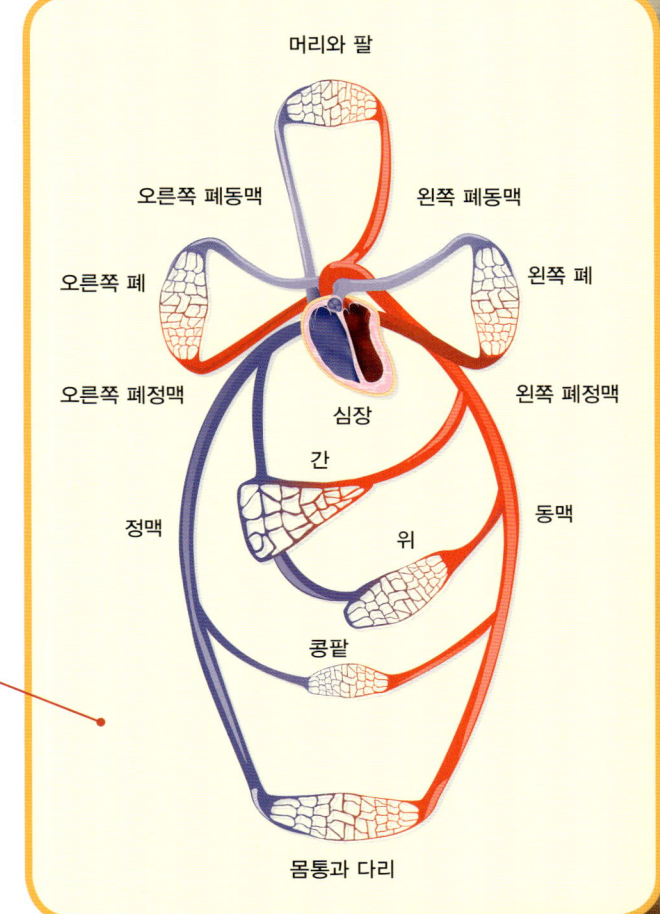

파란색은 폐순환, 빨간색은 계통순환을 가리켜요.

운동은 심장을 튼튼하게 해 순환 계통을 더 건강하게 하고, 순환이 더 잘 되도록 해요.

우리 몸 대발견

과학자 : 시피오네 리바 로치
발견 : 혈압계 발명
연도 : 1896년
이야기 : 1881년 오스트리아의 의사 사무엘 폰 바슈가 혈압계를 발명했어요. 그러나 최초의 혈압계는 깨지기 쉽고 사용하기도 불편했지요. 그로부터 15년 뒤 이탈리아의 의사 시피오네 리바 로치는 팔에 띠를 두르고 부풀어 오르게 하는 형태의 다루기 쉬운 혈압계를 고안했어요. 이 단순한 형태의 혈압계는 오늘날까지 사용되고 있어요.

알고 있나요? 적혈구는 120일 정도를 생존하면서 약 485킬로미터를 돌아다닌다고 해요!

혈압 재기

혈압은 심장에서 밀어낸 피가 온몸을 돌아다니는(60~61쪽) 힘을 측정한 값이에요. 혈압은 심장이 그를 밀어낼 때(수축기혈압) 가장 높고, 심장에 피가 찰 때(이완기혈압) 가장 낮아요.

수축기혈압은 90~120 밀리미터에이치지일 때, 이완기혈압은 60~80 밀리미터에이치지일 때 이상적이에요.

팔목에서 주기적으로 느껴지는 진동을 세 보면 심장박동수를 알 수 있어요.

마라톤 선수들의 혈압은 보통 사람들의 혈압에 비해 낮아요. 쉬고 있을 때 그들의 수축기혈압은 약 105밀리미터에이치지이고 이완기혈압은 65밀리미터에이치지지요. 표시는 105/65로 해요.

마라톤을 하는 동안 선수들의 심장은 평균적으로 분당 160번 정도 뛴다고 해요.

심장

심장은 평생 동안 평균 약 30억 번을 뛴다고 해요. 심장은 속이 비어 있는 근육 덩어리로 결코 쉬지 않지요. 매분마다 심장은 폐와 온몸을 돌고 온 피 약 5리터를 다시 온몸으로 내보내요.

피의 흐름

심장은 2개의 심방과 2개의 심실로 이루어진 4개의 방을 가지고 있어요. 우심방과 우심실은 산소가 부족한 피를 받아서 폐로 보내고, 좌심방과 좌심실은 산소가 풍부한 피를 받아서 온몸으로 보내지요.

심장의 부분
1. 위대정맥   2. 아래대정맥   3. 우심방
4. 우심실   5. 폐동맥   6. 폐정맥
7. 좌심방   8. 좌심실   9. 대동맥

판막은 심장에서 피가 한 방향으로 흐르게 해요.

영혼의 자리

심장은 많은 문화권에서 중요하게 여기는 애정이나 사랑을 상징해요. 심장의 해부학적인 모양이나 ♥가 그 상징물이지요. 멕시코에서는 로마가톨릭교도들이 인류에 대한 예수님의 사랑을 표현하기 위해 옷에 심장을 장식하기도 해요.

멕시코에서 죽은 사람을 위한 날인 10월 31일, 혈관 모형이 드러난 심장 장식이 있는 옷을 입고 배우가 행진을 하고 있어요.

우리 몸 대발견

과학자 : 니나 스타 브라운발트
발견 : 최초로 인공심장밸브 이식
연도 : 1960년
이야기 : 미국 최초의 여성 심장외과의사인 니나 스타 브라운발트는 세계 최초로 인공판막을 생각해 냈고 실제로 인공판막 이식에 성공하기도 했어요. 브라운발트는 환자가 덜 불편하도록 천으로 덮인 버팀목을 가진 브라운발트-커터판막(왼쪽)을 고안하기도 했지요.

알고 있나요? 고대 이집트인들은 죽은 사람을 보호하기 위해서 심장 모양으로 접은 부적을 미라를 둘러싼 천 사이에 넣기도 했어요.

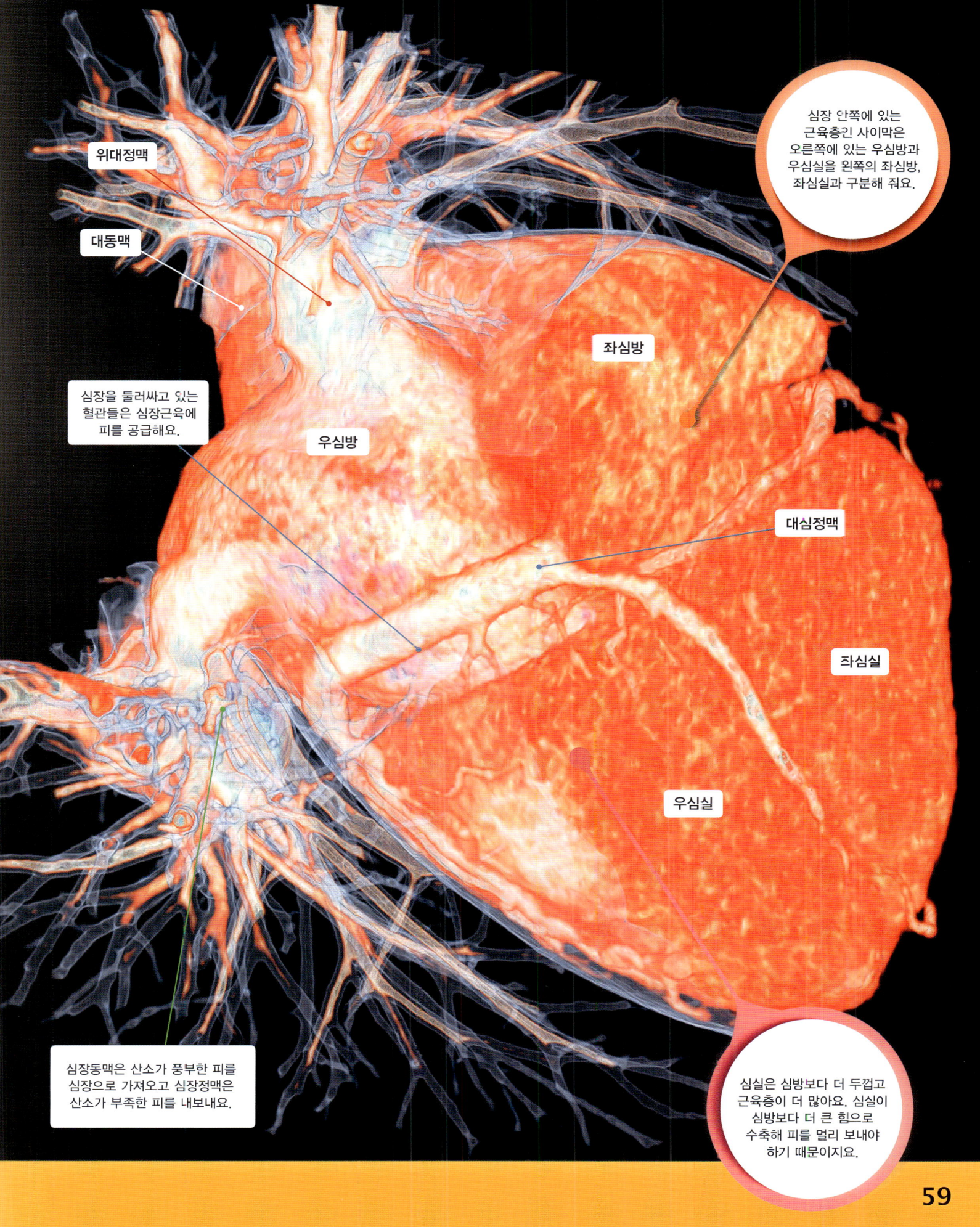

심장주기

쉬고 있을 때 성인의 심장은 1분에 약 60~100번 정도 뛰어요. 한 심장주기에서 심장이 잠시 멈췄다가 피가 심방을 떠날 때 '더', 심실을 떠날 때 '덤' 하며 '더덤' 소리를 내지요.

한 방향으로 흐르는 피

판막은 심장 안쪽에서 피가 흐르는 것을 조절해, 심방과 심실에 피가 교대로 들어가게 해요. 심장근육이 수축한 다음에는 휴식을 취하듯이 늘어나는데 그 때 판막이 열렸다가 닫히지요.

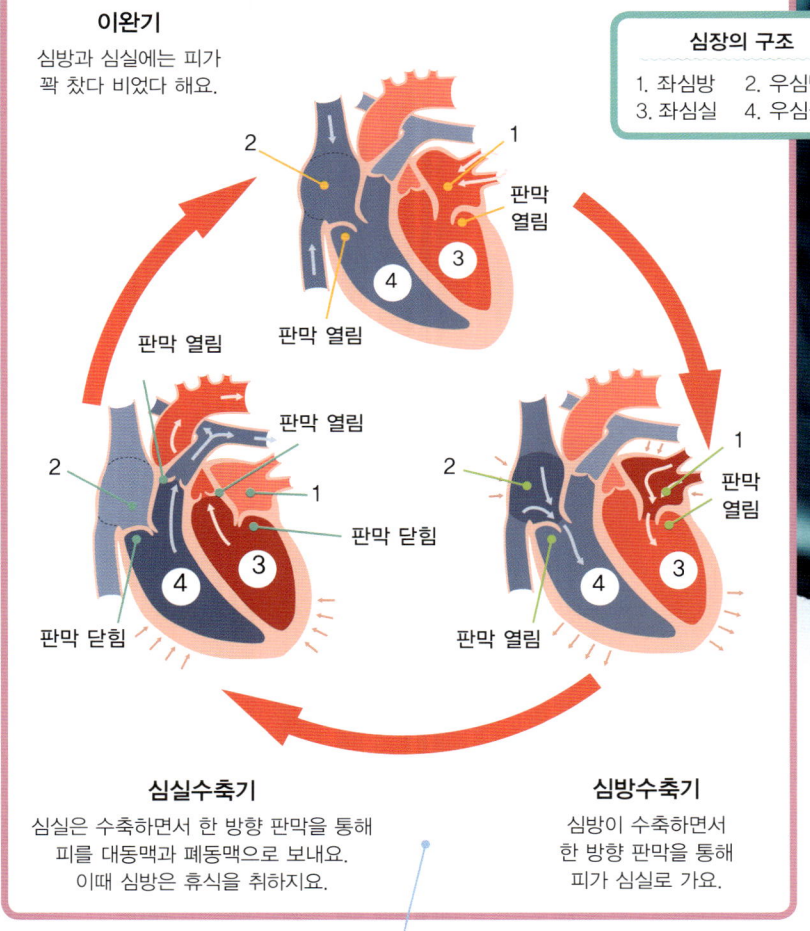

이완기
심방과 심실에는 피가 꽉 찼다 비었다 해요.

심장의 구조
1. 좌심방 2. 우심방
3. 좌심실 4. 우심실

심실수축기
심실은 수축하면서 한 방향 판막을 통해 피를 대동맥과 폐동맥으로 보내요. 이때 심방은 휴식을 취하지요.

심방수축기
심방이 수축하면서 한 방향 판막을 통해 피가 심실로 가요.

심장은 이완기와 수축기를 반복하면서 뛰어요.

건강한 사람의 심장 단면을 보여 주는 자기공명영상이에요. 심장의 근육 벽은 보라색으로 보이지요.

심장이 늘어날 때 양쪽 심방에 피가 채워져요.

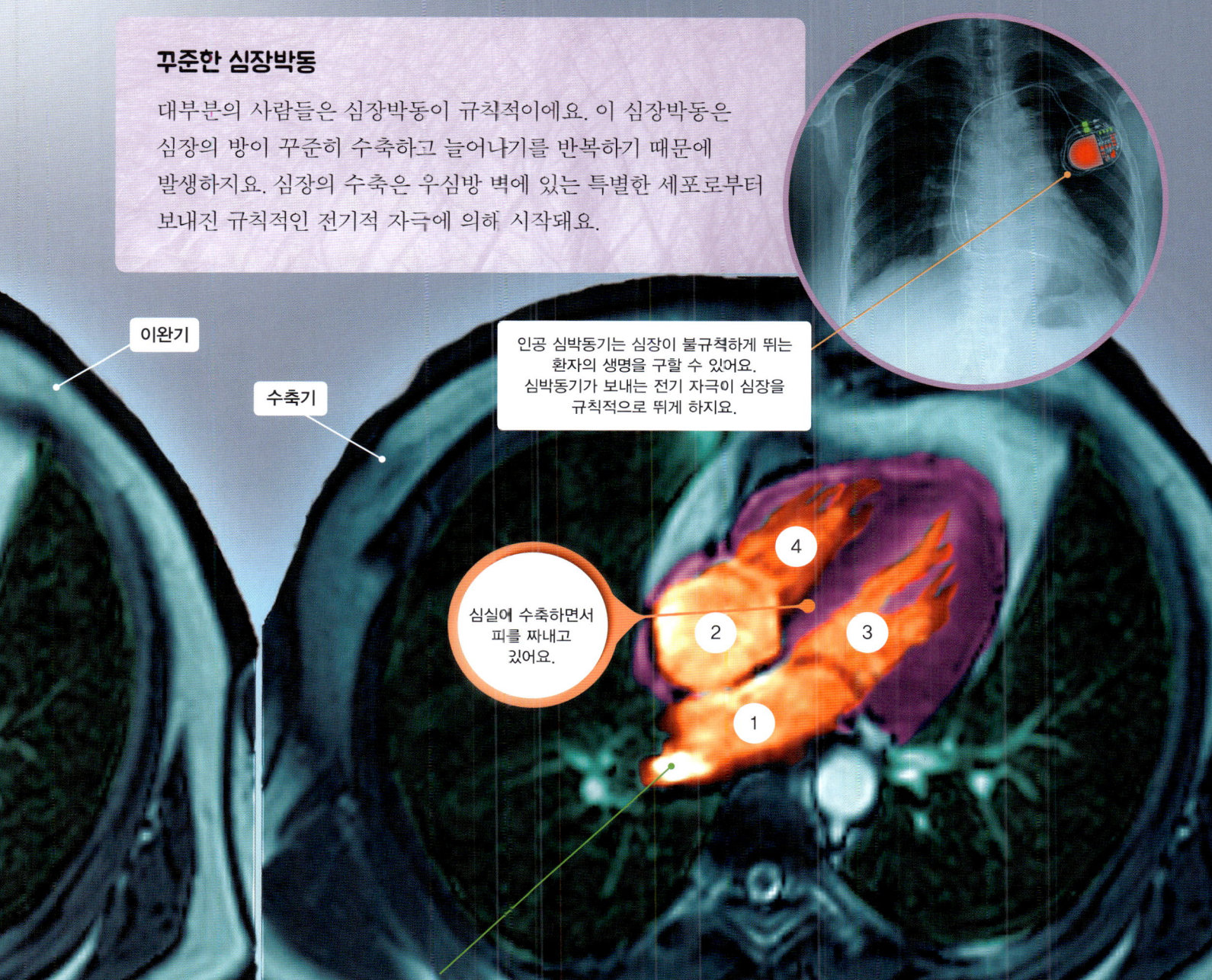

꾸준한 심장박동

대부분의 사람들은 심장박동이 규칙적이에요. 이 심장박동은 심장의 방이 꾸준히 수축하고 늘어나기를 반복하기 때문에 발생하지요. 심장의 수축은 우심방 벽에 있는 특별한 세포로부터 보내진 규칙적인 전기적 자극에 의해 시작돼요.

인공 심박동기는 심장이 불규칙하게 뛰는 환자의 생명을 구할 수 있어요. 심박동기가 보내는 전기 자극이 심장을 규칙적으로 뛰게 하지요.

이완기

수축기

심실이 수축하면서 피를 짜내고 있어요.

좌심실이 수축하면 대동맥이라 하는 이 동맥을 통해 피가 심장 밖으로 나가게 돼요.

과학자 : 윌리엄 하비
발견 : 심장이 어떻게 기능을 하는지 설명
연도 : 1616년
이야기 : 두 명의 영국 왕의 주치의로 일한 윌리엄 하비는 심장의 기능을 설명하고 피가 한 방향으로 몸을 돌아다닌다는 것을 증명한 최초의 과학자예요. 그는 자신의 생각을 1616년에 왕립의과대학에서 이야기했고, 12년 후 논문으로 발표했지요.

우리 몸 대발견

알고 있나요? 이식할 수 있는 심박동기는 미국의 의사 윌슨 그레이트배치에 의해 발명돼 1960년에 처음 사용됐어요.

혈액

혈액은 동맥과 정맥 속을 흐르는 빨간색 액체예요. 사실 혈액의 바탕을 이루는 혈장은 노란색 액체인데 혈장 속에 떠다니는 혈구 가운데 하나인 적혈구가 피를 빨갛게 보이게 하지요. 혈액은 산소, 노폐물, 영양소를 운반하고 몸 밖에서 침입한 미생물에 맞서 싸우는 중요한 일들을 해요.

혈구의 종류

대부분의 혈구가 적혈구이기 때문에 피는 빨갛게 보여요. 혈액에서 혈구가 차지하는 비율은 남자가 약 50퍼센트, 여자가 약 40퍼센트로 성별에 따라 달라요. 또 다른 혈구로는 백혈구와 혈소판이 있어요.

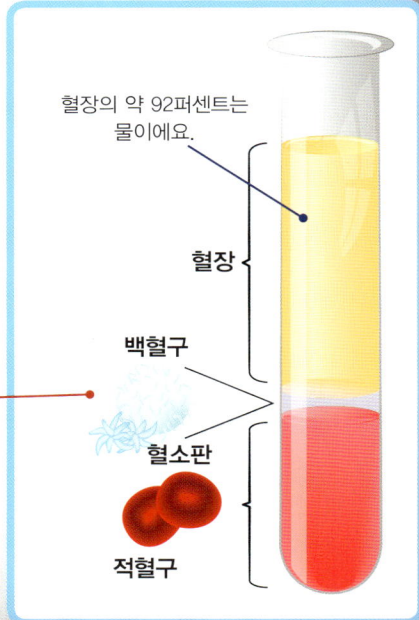

혈장의 약 92퍼센트는 물이에요.

혈액의 약 55퍼센트는 혈장이에요. 단백질, 전해질, 탄수화물, 호르몬, 비타민과 같은 유용한 물질들이 혈장에 녹아 있지요.

혈장
백혈구
혈소판
적혈구

혈액응고

혈소판은 변신이 가능한 세포예요. 보통 때는 접시 모양이지만 혈관이 손상을 입게 되면 표면이 삐죽삐죽해지지요. 이런 모양은 혈구들을 서로 엉기게 해 피떡을 만들고, 피떡은 상처 부위를 메꾸는데 도움을 줘요. 이런 과정을 혈액응고라 해요. 혈액응고는 우리 몸을 보호하기 위한 건강한 반응이지요.

적혈구들이 피떡을 만들었어요. 만약 이 피떡이 피를 타고 돌아다닌다면 어딘가에서 혈관을 막을 수도 있기 때문에 위험해요.

우리 몸 대발견

과학자 : 얀 스바메르담
발견 : 적혈구를 처음 발견
연도 : 1658년
이야기 : 네덜란드의 생물학자 얀 스바메르담은 현미경으로 개구리의 피를 연구한 뒤 최초로 적혈구에 대해 기록했어요. 16년 뒤에 네덜란드의 과학자 안톤 판 레이우엔훅이 세계 최초로 적혈구를 관찰했고 혈구라는 이름을 붙였지요.

알고 있나요? 정상적인 성인의 몸에서는 매일 2,000억 개의 적혈구, 100억 개의 백혈구, 4,000억 개의 혈소판이 새로 만들어져요!

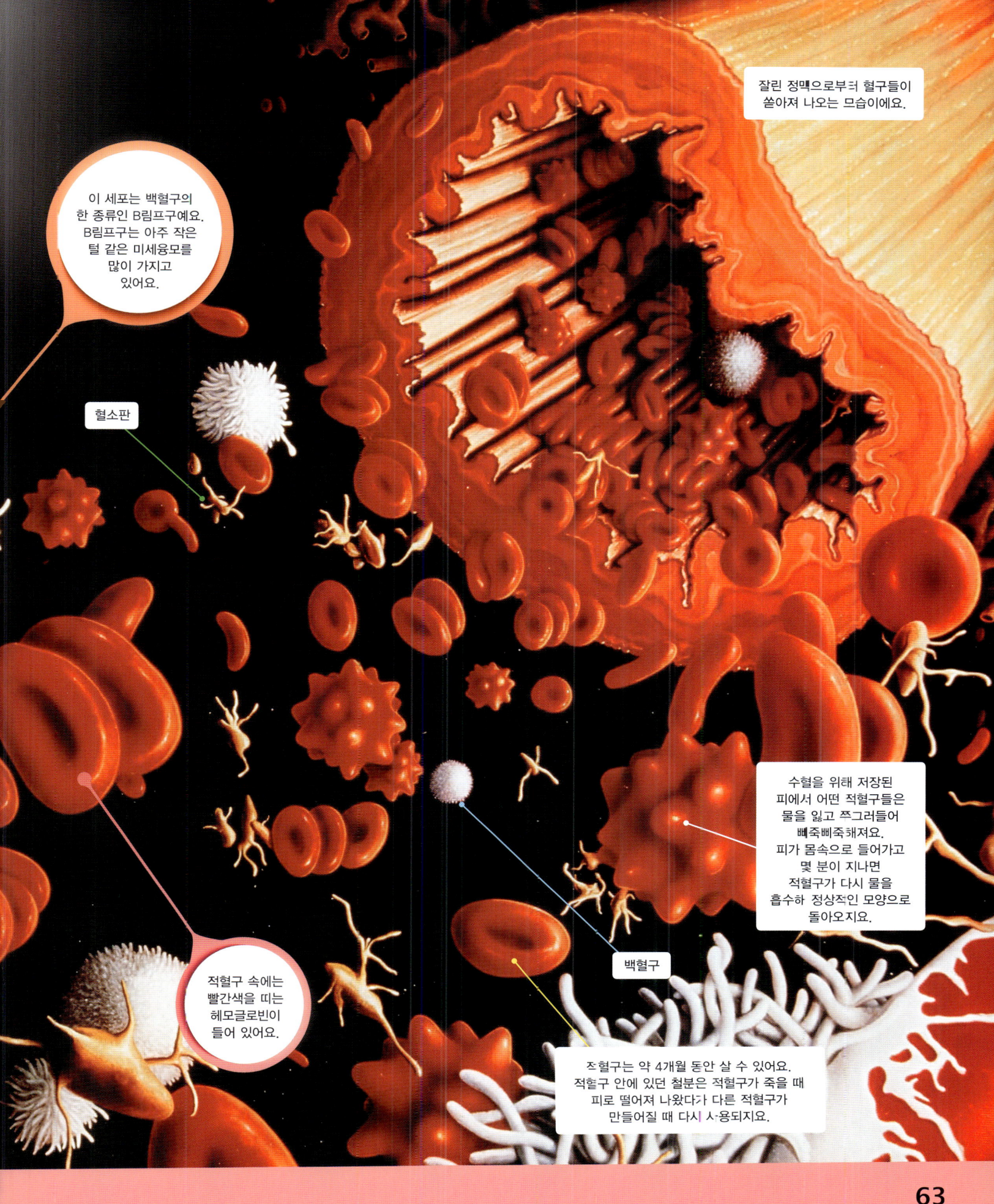

백혈구

1. 병원균의 표면에는 항원이라 불리는 단백질 분자들이 있어요.

백혈구는 전체 혈구 가운데 1퍼센트 정도일 뿐이지만 우리 몸을 지키는 데 아주 중요한 역할을 해요. 백혈구는 사람 몸에 들어온 세균이나 바이러스를 추적하고 파괴해 감염에 맞서 싸우지요. 백혈구는 림프와 함께 우리 몸의 면역 계통을 이루고 있어요.

백혈구가 하는 일

어떤 백혈구는 몸속에 침입해 병을 일으키는 병원균을 둘러싸서 잡아먹어요. 또 다른 백혈구는 침입자를 파괴시킬 수 있는 항체나 항독소 같은 화학 물질을 배출하지요. 항체는 병원균을 파괴하고, 항독소는 해로운 물질을 중화시켜요.

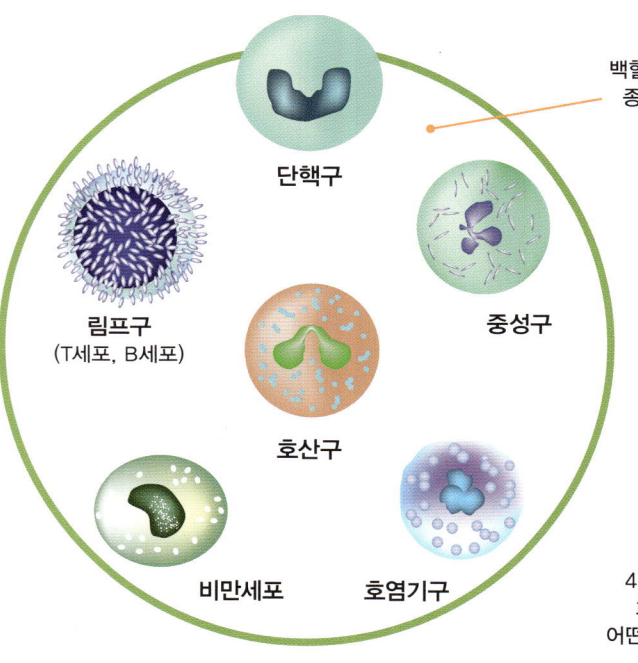

백혈구는 여러 종류가 있는데 종류별로 병원균과 싸우는 방법이 달라요.

4. T도움세포에서 나오는 화학물질은 B세포에게 어떤 종류의 항체가 병원균을 파괴할지 알려 줘요.

우리 몸 대발견

과학자: 메리 워트리 몬터규 부인
발견: 서양에 백신접종법의 한 종류를 소개함
연도: 1717년
이야기: 메리 워트리 몬터규 부인은 오빠를 천연두로 잃었고, 자신의 얼굴에는 얽은 자국을 얻었어요. 이스탄불에서 살면서 그녀는 이 병에 대항할 수 있는 방법을 우연히 알게 되었지요. 그 방법은 증상이 약한 환자의 고름을 감염되지 않은 사람의 생채기에 바르는 것이었어요. 몬터규 부인은 이 방법을 자기 자식들에게도 사용했다고 해요.

알고 있나요? 알레르기는 백혈구와 히스타민이 해가 없는 침입자를 공격할 때 일어나요. 그 결과 발진이 돋거나 부기가 생기지요.

액체 거르기

림프 계통은 감염 시 맞서 싸우는 백혈구가 들어 있는 액체인 림프액을 몸 전체로 전달해요. 림프액은 콩 모양의 림프샘을 통과하면서 깨끗하게 걸러지지요. 우리 몸에는 림프구로 가득 차 있는 수백 개의 림프샘이 있어요. 림프샘은 감염에 맞서 싸울 때 부어서 커지지요.

2. 큰포식세포(대식세포)가 병원균을 잡아먹고 있어요. 이제, 큰포식세포의 표면에는 병원균의 항원이 표시가 돼 다른 백혈구들에게 병원균을 어떻게 잡아먹을지를 알려 줄 거예요.

3. T세포는 도움세포와 세포독성세포, 두 종류가 있어요. T도움세포는 항원을 인식하지요. 이 세포는 항원을 파괴하도록 B세포를 활성화시켜요.

림프 계통

1. 편도는 T세포와 B세포를 가지고 있어요.
2. 가슴샘은 T세포가 자라는 곳이에요.
3. 겨드랑이 림프샘은 팔과 유방에서 오는 림드액을 거르고, 이를 가슴벽으로부터 빼내요.
4. 비장은 가지세포나 큰도움식세포로 바뀌는 단핵구를 저장하지요.
5. 가슴림프관은 가장 큰 림프관이에요.
6. 가슴림프관팽대는 다리로부터 림프액을 받아요.
7. 샅줄 부어어 서는 다리로부터 오는 림프액이 걸러져요.

5. B세포로부터 형성된 이 세포는 항원에 맞는 종류의 항체를 만들어요.

6. 항체는 항원에 달라붙어 항원을 꼼짝 못하게 해요. 항체가 달라붙은 항원은 큰포식세도들에게 더 잘 발견돼 쉽게 잡아먹히게 되지요.

65

혈액검사

피는 의사에게 환자의 건강에 대해 많은 정보를 전해 줘요. 핏속의 탄수화물과 단백질과 다른 물질들의 양을 검사하면 심장과 간을 포함한 다른 장기들이 얼마나 건강한지를 알 수 있지요. 피검사를 통해 암, 빈혈, 당뇨, 심장병과 같은 다양한 병을 알아챌 수 있어요.

혈액형

사람의 면역계는 적혈구 표면에 있는 항원을 인식하므로 자신의 적혈구는 공격하지 않아요. 하지만 ABO식 혈액형(A, B, O, AB) 가운데 다른 혈액형의 피에 대해서는 면역 반응이 일어나기도 해요. 혈액형에 따라 적혈구 표면의 항원이 다르기 때문이지요.

한 사람의 피를 다른 사람에게 넣어 주는 일을 수혈이라 해요. 수혈은 생명을 구하지만 주는 사람과 받는 사람의 혈액형이 같지 않을 때는 생명을 위협할 수도 있지요. O형의 피는 예외적으로 모든 혈액형의 사람들에게 수혈할 수 있어요.

오늘날 당뇨 환자들은 직접 피에서 포도당 양을 측정할 수 있어요. 핏속에 포도당이 너무 많으면 인슐린을 사용해 혈당을 떨어뜨릴 필요가 있지요.

1916년 이전에는 피를 저장하는 기술이 없어 사람에게서 사람에게로 직접 수혈을 시도했어요. 1882년에 만들어진 이 판화에서는 한 사람으로부터 다른 사람에게 피가 직접 들어가는 모습을 볼 수 있어요.

수혈의 필요성

수혈은 수술이나 깊은 상처로 인해 피를 많이 잃은 환자를 도와줘요. 1667년 처음으로 시도된 수혈은 사람의 피가 아닌 양의 피를 사용했어요. 1800년대까지는 사람의 피를 다른 사람에게 수혈할 때도 혈액형을 알지 못했으므로 결과가 안 좋은 경우가 많았어요.

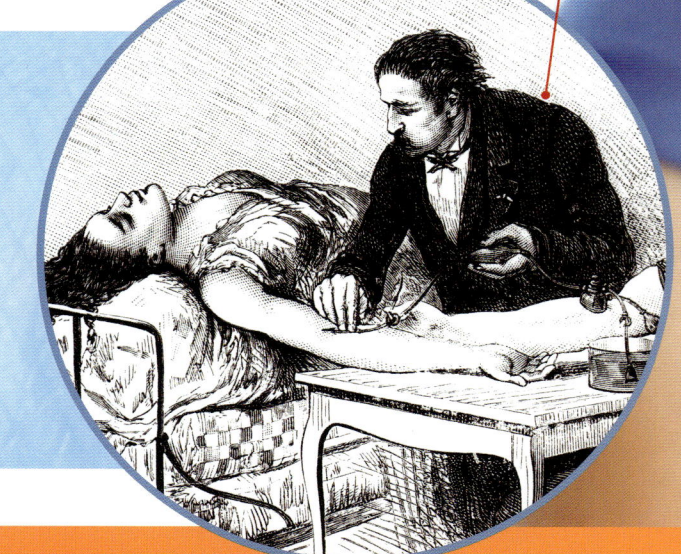

이 기구로 손가락을 찌르면 피 한 방울을 얻을 수 있어요. 무균상태의 날카로운 바늘이 피부를 찌르지요.

엎어진 피 한 방울을 검사용 띠에 떨어뜨리면 휴대용 측정기가 핏속 포도당 양을 측정해요.

과학자 : 카를 란트슈타이너
발견 : 혈액형을 구분함
연도 : 1901년
이야기 : 오스트리아의 생물학자 카를 란트슈타이너는 1901년 혈액형을 A, B, C형(C형은 오늘날 O형에 해당)으로 구분했어요. 란트슈타이너는 환자에게 수혈을 할 때 혈액형이 다른 피를 수혈하면 안 된다는 사실도 발견했지요. 환자의 항체가 외부에서 들어온 적혈구를 항원으로 인식해 위험해질 수도 있기 때문이에요.

우리 몸 대발견

알고 있나요? 전 세계 사람들의 85퍼센트는 RhD 유전자를 가지고 있어요. 나머지 25퍼센트의 사람들은 RhD 유전자가 없는데, 이들을 RH마이너스형이라고 하지요.

제4장 영양분의 흡수

음식과 에너지

숨쉬기, 몸을 따뜻하게 유지하기, 달리기와 설거지, 책 읽기, 여행 같은 사람이 하는 모든 일에는 에너지가 필요해요. 또 몸을 성장시키거나 수리할 때, 질병과 맞서 싸울 때도 에너지가 쓰이지요.

탄수화물의 소화

탄수화물은 사람의 몸에서 에너지를 만들어 내는 데 가장 중요한 재료예요. 사람의 소화 계통은 탄수화물을 소화시켜 천연 설탕인 포도당으로 바꾸지요. 탄수화물은 빵, 쌀, 파스타, 감자, 채소, 과일에서 섭취할 수 있어요.

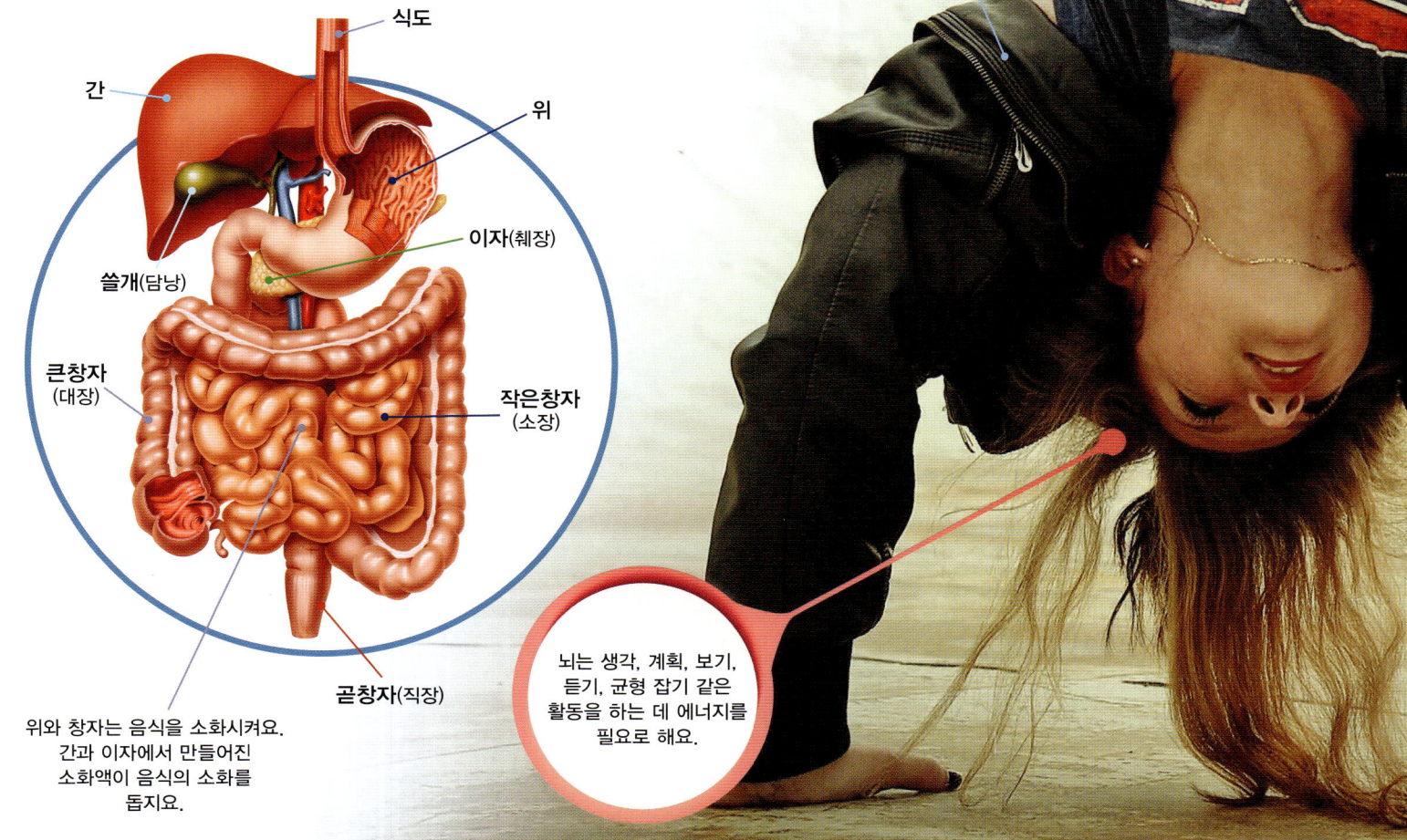

힘, 타이밍, 활기는 브레이크댄싱에서 중요한 요소들이에요. 사진처럼 몸의 균형을 잡은 채 멈추는 동작은 가장 어려운 동작에 속하지요.

식도 / 간 / 위 / 쓸개(담낭) / 이자(췌장) / 큰창자(대장) / 작은창자(소장) / 곧창자(직장)

위와 창자는 음식을 소화시켜요. 간과 이자에서 만들어진 소화액이 음식의 소화를 돕지요.

뇌는 생각, 계획, 보기, 듣기, 균형 잡기 같은 활동을 하는 데 에너지를 필요로 해요.

근육은 피를 통해 전달된 포도당으로 운동과 열의 발산에 필요한 에너지를 만들어요.

저장되는 에너지

음식으로부터 얻을 수 있는 또 다른 에너지원으로 지방이 있어요. 지방은 몸이 에너지를 필요로 하거나 포도당이 떨어지는 경우를 대비해 지방세포에 저장되지요. 그 밖에도 지방세포는 체온을 유지하고, 충격으로부터 우리 몸을 보호하는 역할도 해요.

지방조직을 구성하는 각각의 지방세포를 보여 주는 주사전자현미경 사진이에요. 지방을 운반하는 모세혈관도 함께 볼 수 있지요.

음식에서 얻은 에너지를 빨리 사용하면 빠른 대사를 한다고 해요. 그렇지 않으면 느린 대사를 하는 것이지요.

과학자 : 안드레아스 마르그라프
발견 : 포도당 분리
연도 : 1747년
이야기 : 1747년에 독일 화학자 안드레아스 마르그라프는 건포도에서 포도당을 분리해 냈어요. 사탕무에서 설탕을 분리하는 방법도 알아냈지요. 이전까지 설탕은 오직 열대지방에서 나는 사탕수수에서만 얻을 수 있었지만, 마르그라프의 발견 이후 유럽에서도 설탕을 생산할 수 있게 되었어요.

우리 몸 대발견

알고 있나요? 세계보건기구의 2016년 보고에 따르면, 전 세계 성인의 40퍼센트는 몸에 지방세포가 너무 많아 건강하지 못한 상태라고 해요.

균형 잡힌 식이

음식은 포도당과 지방 뿐 아니라 단백질, 비타민, 무기염료, 섬유소 같은 생명 유지에 중요한 물질들도 공급해 줘요. 음식을 골고루 먹고 다양한 영양소를 섭취해야 사람의 몸이 제 기능을 하고 건강을 유지할 수 있지요.

완벽한 식단

균형 잡힌 식이*란 과일이나 채소, 탄소화물을 주로 하고 단백질과 유제품도 곁들인 먹거리를 말해요. 포화지방, 소금, 설탕이 많으면 균형 잡힌 식이가 아니지요. 가끔 건강하지 않은 음식을 먹는 것은 괜찮지만 사람들이 좋아하는 맛있는 음식에는 몸에 좋지 않은 것도 많다는 점을 기억해야 해요.

탄수화물은 우리 몸에 에너지를 공급하고, 섬유소가 있어 오래도록 포만감을 느끼게 해요.

우리가 각 영양소의 음식들을 얼마나 많이 먹어야 하는지를 보여 주는 사진이에요.

비타민과 무기염류

음식에는 우리 몸에서 중요한 기능을 하는 소량영양소*도 들어 있어요. 시각 기능을 담당하는 비타민A나 질병과 맞서 싸우고 콜라겐을 만드는 데 이용되는 비타민C가 그렇지요. 몸속에서 산소를 운반하는 데 필요한 철, 건강한 뼈와 이를 유지하는 데 필수적인 칼슘도 소량영양소 가운데 하나예요.

사람들 대부분은 건강 유지를 위해 비타민제나 영양제를 따로 먹을 필요가 없어요. 평소 먹는 음식으로부터 비타민과 무기염류를 얻을 수 있기 때문이지요.

우리 몸 대발견

과학자: 캐시미어 풍크 **발견**: 비타민 **연도**: 1912년

이야기: 폴란드 태생의 생화학자 캐시미어 풍크는 비타민B₁을 발견했어요. 갈색 쌀에 들어 있는 비타민B₁은 각기병을 예방하는 데 필요한 물질이지요. 그는 자신이 발견한 것 말고도 다른 비타민이 또 있을 것이라고 주장했는데 나중에 그 주장은 사실로 밝혀졌어요. 풍크는 이런 물질이 모두 아민을 가지고 있다고 생각해, '생명체 유지에 필수적인 아민'이라는 뜻으로 '비타민'이라 불렀어요. 지금은 비록 모든 비타민이 아민을 갖지 않는다는 것이 밝혀졌지만 비타민이라는 이름은 계속 쓰이고 있어요.

*식이 : 동물이 살아가기 위해 먹어야 할 거리.
*소량영양소 : 소량만 섭취해도 생체의 기능을 유지할 수 있는 필수 영양소.

알고 있나요? 비타민을 발견하기 전인 18세기, 영국의 해군 군의관 제임스 린드는 이미 선원들이 오렌지, 레몬, 라임을 먹으면 괴혈병을 예방할 수 있다는 것을 발견했어요.

소화 과정

맛있는 음식 냄새를 맡으면 그때부터 소화 계통이 일을 하기 시작해요. 요리할 때 나는 냄새가 침샘을 자극해 입안에 침이 고이게 하지요. 침은 입안에 들어온 음식을 부수는 첫 단계에서 중요한 역할을 해요.

물리적 소화와 화학적 소화

음식은 구불구불한 소화 계통을 통과하며 두 가지 방법으로 소화돼요. 입안에서 음식을 씹고, 위가 마구 꿈틀거리면서 음식을 잘게 부수는 것을 물리적 소화라 하지요. 잘게 부수어진 음식이 효소*라는 물질에 의해 더 잘게 부수어지고 작은창자 벽으로 흡수돼 온몸으로 퍼지는 과정은 화학적 소화라고 해요.

뇌는 먹음직스러운 음식을 보면 소화 계통에 신호를 보내 소화를 준비시켜요.

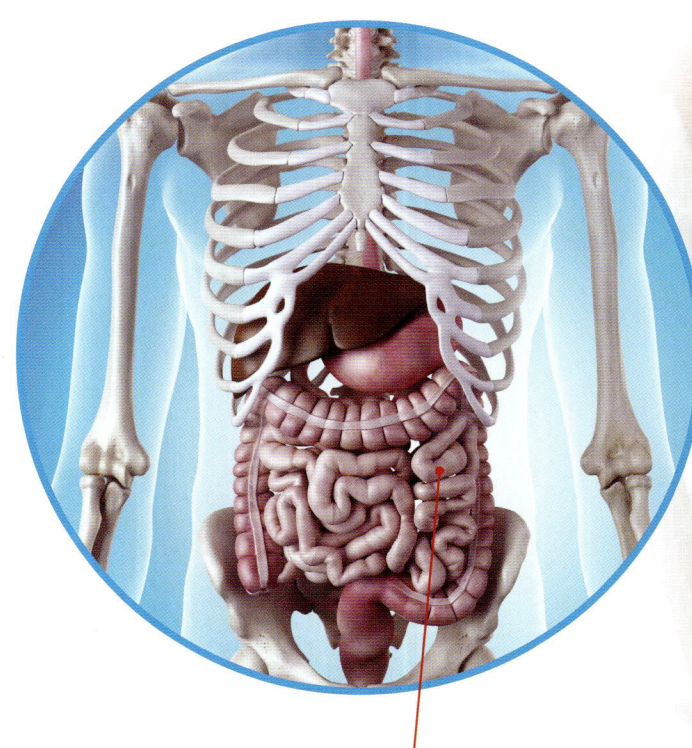

작은창자에서 만들어진 효소는 녹말을 설탕으로, 단백질을 아미노산으로, 지방을 지방산과 글리세롤로 바꿔요.

사람들이 음식을 입으로 가져갈 때 침이 만들어져요. 침은 음식을 촉촉하게 해 삼키기 쉽게 하지요.

*효소 : 생물의 세포 안에서 만들어져 생체 속 화학 반응의 속도를 조절해 주는 물질.

과학자: 윌리엄 버몬트
발견: 화학적 소화
연도: 1820년대
이야기: 1822년 미국의 의사 윌리엄 버몬트는 알렉시드 생 마르탱이라는 사람의 총상을 치료했어요. 마르탱은 살아났지만 위에 커다란 구멍이 남았지요. 그 뒤 10년 동안 버몬트는 마르탱을 관찰하며 소화과정을 알아내기 위한 실험을 했어요. 그리고 1833년 이 실험결과를 발표했지요.

우리 몸 대발견

소화불량

스트레스를 받거나, 음식을 너무 빨리 혹은 너무 많이 먹거나, 불량식품을 자주 먹으면 소화불량이 생길 수 있어요. 위나 창자에 생기는 아물지 않은 상처인 궤양도 소화불량의 원인이 되지요. 소화불량이 생기면 배가 아픈 느낌, 소화 계통에 가스가 차서 배가 빵빵하게 부푼 느낌을 받을 수 있어요.

소화가 잘 되지 않으면 속이 불편하고, 기분이 좋지 않아요.

음식을 먹는 것은 몸과 마음을 건강하게 해 줘요. 가족이나 친구와 함께 식사하면서 사회성도 유지할 수 있지요.

사람들은 음식에 의미를 담아 만들어 먹기도 해요. 탕위안 혹은 위안샤오라 불리는 이 음식은 '가족이 함께 한다'는 의미로 먹지요.

알고 있나요? 음식이 입으로 들어가 소화되고 남은 물질이 대변으로 빠져나갈 때까지 약 3일이 걸려요.

입안

소화는 입안에서 시작돼요. 바깥쪽의 앞니와 송곳니가 음식을 자르고, 안쪽의 작은어금니와 어금니가 음식을 씹지요. 잘게 부서진 음식은 침을 만나 소화가 될 준비를 해요. 침은 대부분이 물로 되어 있고 점액소(뮤신)*, 항체, 효소도 들어 있어요.

대단한 침

침에 들어 있는 점액소는 음식을 미끄럽고 작게 만들어 음식이 식도를 타고 내려가는 과정을 도와요. 또 침에는 항체도 있어 음식에 혹시 있을지도 모르는 세균이 몸속으로 들어오는 것을 막아 주지요. 침 속 효소는 음식을 화학적으로 소화시켜 잘게 부숴요.

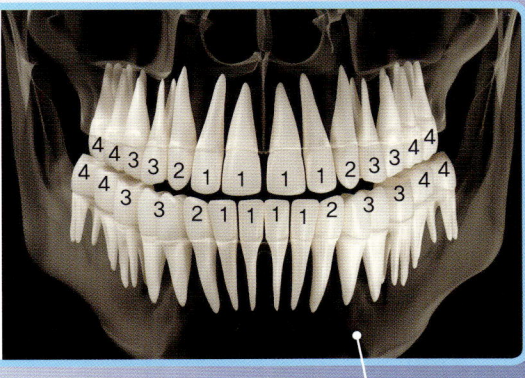

어른의 이
1. 앞니
2. 송곳니
3. 작은어금니
4. 어금니

어른은 모두 32개의 이를 가지고 있어요. 이 사진에는 세 번째 어금니인 사랑니가 없어요. 사랑니는 맨 나중에 나는 이로, 어떤 사람은 아예 나지 않기도 해요.

삼키기

혀는 음식을 씹고, 촉촉한 덩어리로 만들어 입 뒤로 밀어내요. 식도의 맨 윗부분이 열릴 때는 후두개, 혀, 입천장이 기도를 막아 음식물이 기도로 들어오지 못하게 하지요. 이 반사작용으로 호흡이 멈추는 시간은 1초도 안 되는 아주 짧은 순간이에요.

1. 음식 덩어리가 입 뒷부분에 있을 때
2. 기도는 자동적으로 닫혀요
3. 음식물이 식도에 들어가면 그때 다시 기도가 열려요

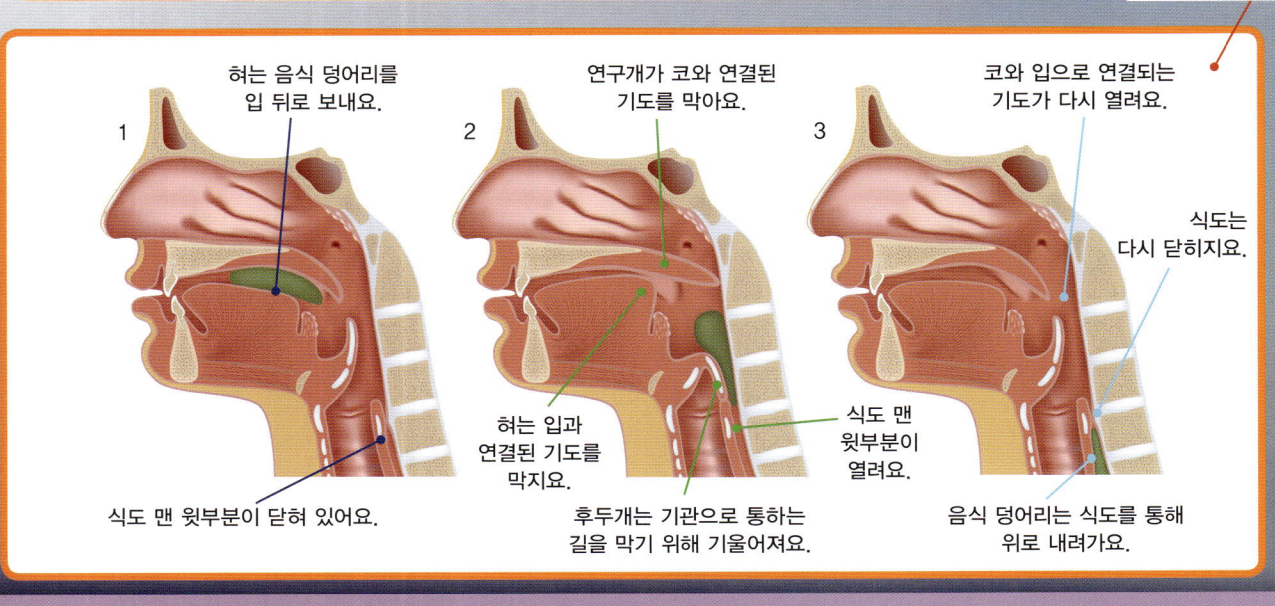

1 혀는 음식 덩어리를 입 뒤로 보내요.
식도 맨 윗부분이 닫혀 있어요.

2 연구개가 코와 연결된 기도를 막아요.
혀는 입과 연결된 기도를 막지요.
후두개는 기관으로 통하는 길을 막기 위해 기울어져요.

3 코와 입으로 연결되는 기도가 다시 열려요.
식도 맨 윗부분이 열려요.
음식 덩어리는 식도를 통해 위로 내려가요.
식도는 다시 닫히지요.

*점액소(뮤신) : 샘과 막에서 분비되는 끈적끈적하고 보호 기능을 하는 물질.
*산성 : 물에 녹았을 때, 순수한 물보다 수소 이온을 많이 내놓는 물질의 성질.

입에서 위까지

음식 덩어리는 목구멍에서부터 식도를 따라 반복적인 운동에 의해 파도의 잔물결처럼 쥐어짜지면서 내려가요. 그러고는 산성의 액체를 지닌 신축성 강한 위로 들어가지요. 위의 입구와 출구에 있는 괄약근은 산성 액체가 밖으로 빠져나가는 것을 막아 줘요.

목의 전산화단층촬영 사진이에요.

위의 안쪽

위벽은 근육으로 되어 있어 음식을 휘저으며 으깨요. 그렇게 위 속에서 으깨진 음식물은 화학적 소화를 일으키는 효소들로 가득 찬 위액과 섞이지요. 충분히 으깨진 음식물은 부분적으로 소화되어 유미즙이라 하는 쓴맛을 지닌 액체가 돼요.

식도

괄약근

위벽 표면에 막을 형성한 점액소가 위액으로부터 조직을 보호해요.

샘창자
(십이지장, 작은창자의 맨 앞부분)

괄약근

산성의 위액

위는 음식을 소화시킬 뿐 아니라 창자에 빈 공간이 생길 때까지 음식을 저장하기도 해요. 대부분의 성인은 음식물을 1리터 정도 위에 저장할 수 있어요.

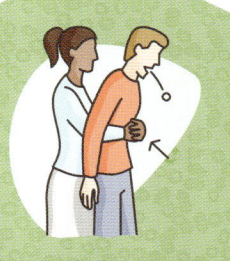

우리 몸 대발견

과학자 : 헨리 하임리히
발견 : 하임리히법
연도 : 1974년
이야기 : 옛날에 사람들은 누군가 갑자기 숨을 쉬지 못하면 손바닥으로 등을 때려 숨을 쉬게 했어요. 지금은 미국의 외과의사 헨리 하임리히가 생각해 낸 하임리히법(왼쪽)을 많이 쓰지요. 그림과 같이 환자 뒤에 서서 배를 강하게 잡아당기며 횡격막 아래쪽을 위 방향으로 강하게 밀면, 기도를 막고 있던 물질이 밖으로 빠져나오게 돼요.

알고 있나요? 위에서 분비되는 염산은 금속도 녹일 만큼 강력해요!

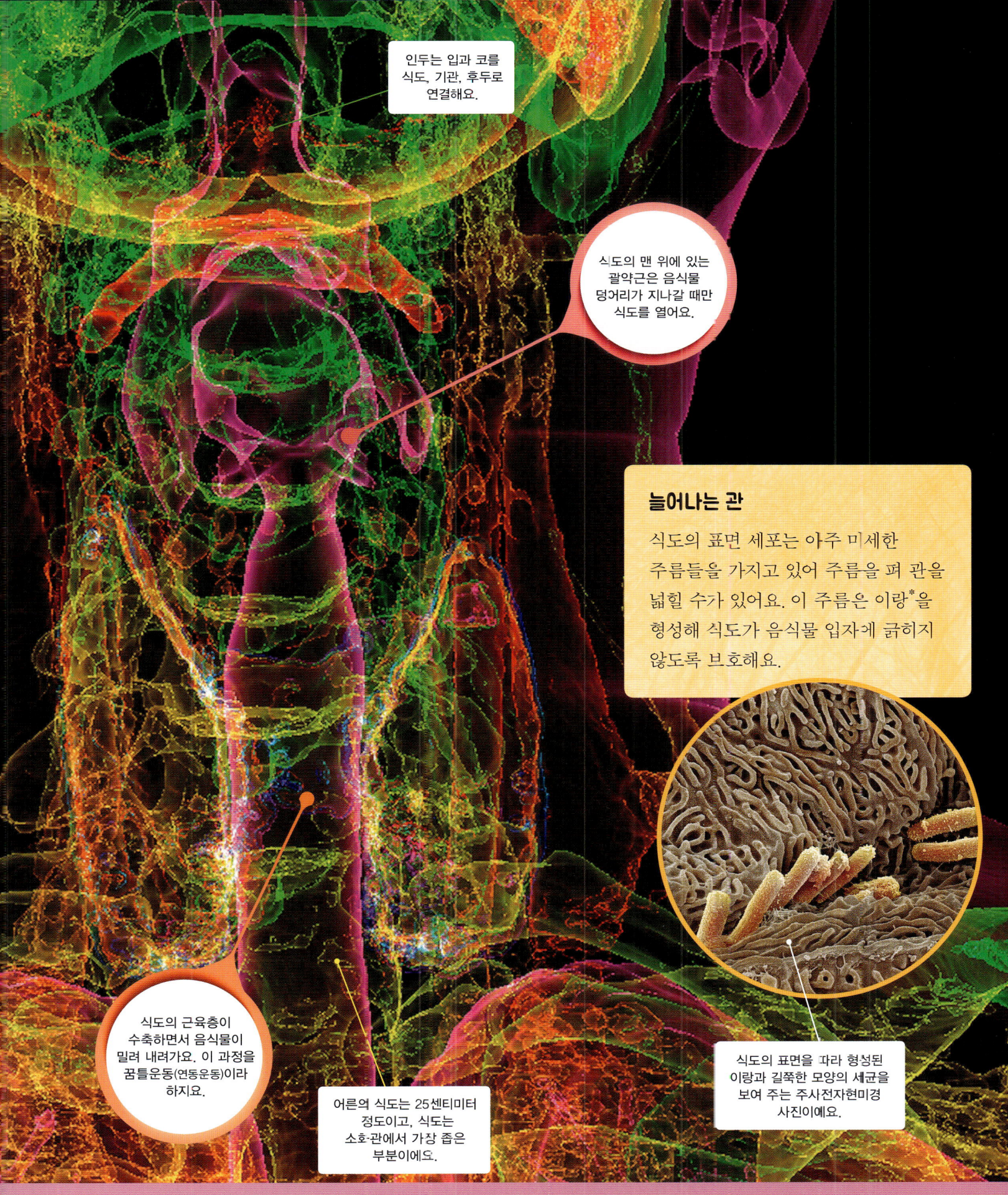

인두는 입과 코를 식도, 기관, 후두로 연결해요.

식도의 맨 위에 있는 괄약근은 음식물 덩어리가 지나갈 때만 식도를 열어요.

늘어나는 관

식도의 표면 세포는 아주 미세한 주름들을 가지고 있어 주름을 펴 관을 넓힐 수가 있어요. 이 주름은 이랑*을 형성해 식도가 음식물 입자에 긁히지 않도록 보호해요.

식도의 근육층이 수축하면서 음식물이 밀려 내려가요. 이 과정을 꿈틀운동(연동운동)이라 하지요.

어른의 식도는 25센티미터 정도이고, 식도는 소호관에서 가장 좁은 부분이에요.

식도의 표면을 따라 형성된 이랑과 길쭉한 모양의 세균을 보여 주는 주사전자현미경 사진이에요.

*이랑 : 물결처럼 줄줄이 오목하고 볼록하게 이루는 모양을 이르는 말.

창자

위에서 만들어진 유미즙은 꼬인 관을 통해 창자(장)로 밀려 들어가요. 영양소는 창자벽을 통해 몸에 흡수되지요(80~81쪽). 흡수되지 않고 남은 것은 대변이 되어 항문으로 배출돼요.

대변 만들기

작은창자는 사람이 섭취한 물의 약 90퍼센트를 흡수해요. 큰창자가 다시 남은 물의 대부분을 흡수하지만 일부는 남겨서 대변을 부드럽게 하지요. 대변은 소화되지 않은 음식, 소화됐지만 흡수되지 않은 물질, 세균, 창자벽에서 떨어져 나온 죽은 세포 들이 섞여 만들어져요.

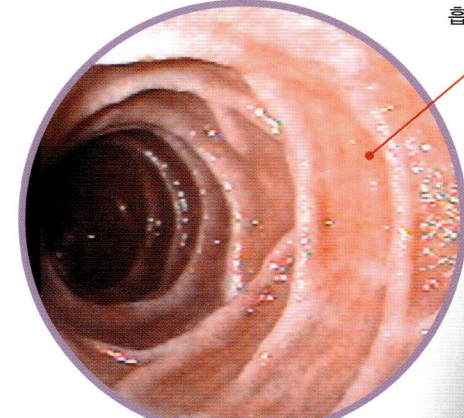

건강한 샘창자에서 볼 수 있는 이랑과 주름은 유미즙이 나선 모양으로 천천히 흘러가게 해요. 덕분에 소화된 영양소가 충분히 흡수될 수 있지요.

친절한 세균

사람의 창자에는 약 1,000가지 종류의 세균이 약 10조 마리나 모여 살고 있어요! 그 가운데에는 음식의 소화를 돕거나 질병과 설사를 일으키는 병원균과 맞서 싸우는 몸에 좋은 세균도 있어요.

김치처럼 발효된 음식에는 창자를 건강하게 해 주는 몸에 좋은 세균이 많아요.

우리 몸 대발견

과학자: 히포크라테스와 그의 제자들
발견: 창자에 들어 있는 기생충(왼쪽)에 대한 기록을 남김
연도: 기원전 500년경
이야기: 약 2,500년 전부터 기록되기 시작한 히포크라테스 전서에는 기생충에 감염된 사람의 증상이 쓰여 있어요. 덕분에 2017년 고생물학자들은 히포크라테스 시대에 나타난 기생충을 확인할 수 있었지요. 고대인들의 대변에는 편충과 회충이 있었던 것으로 밝혀졌어요.

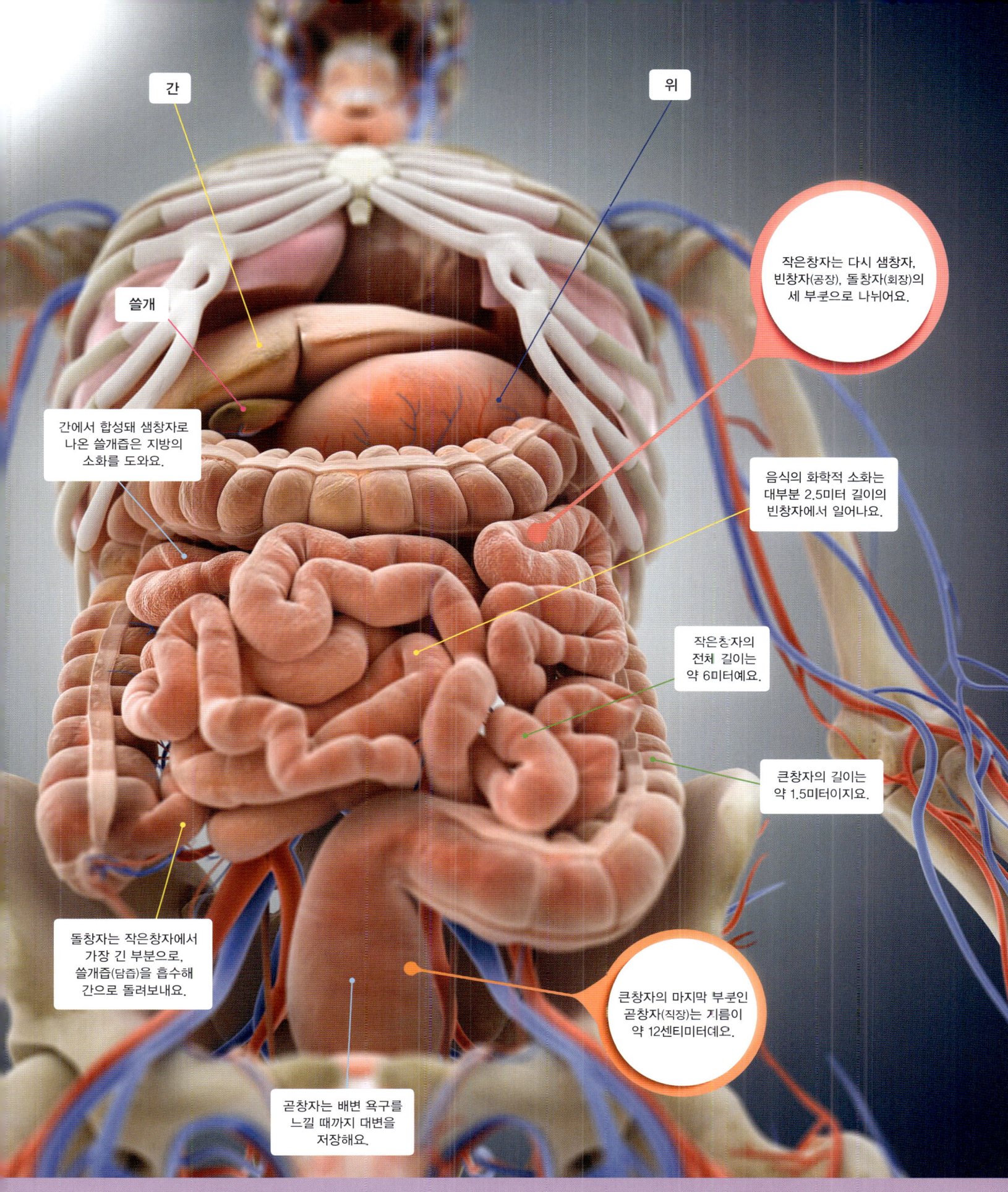

영양소의 흡수

작은창자에서 음식으로부터 영양소를 빼내는 일은 이자(췌장)에서 생산된 효소와 쓸개(82쪽)에서 나온 쓸개즙이 마무리해요. 단백질, 지방, 탄수화물은 소화에 의해 작은 분자로 분해되어 창자의 얇은 벽을 통해 몸 내부로 흡수되지요.

작은창자의 면적

작은창자는 좁고, 주름이 잡혀 있는 6미터 길이의 관이에요. 작은창자벽에는 융모라는 작은 손가락 모양의 돌출물들이 있어 겉넓이가 아주 넓지요. 융모를 더 확대해 보면, 더 작은 미세융모들도 볼 수 있어요. 미세융모의 겉넓이까지 합치면 작은창자는 테니스장 크기만큼 넓어서 많은 양의 영양소를 빨리 흡수할 수 있어요.

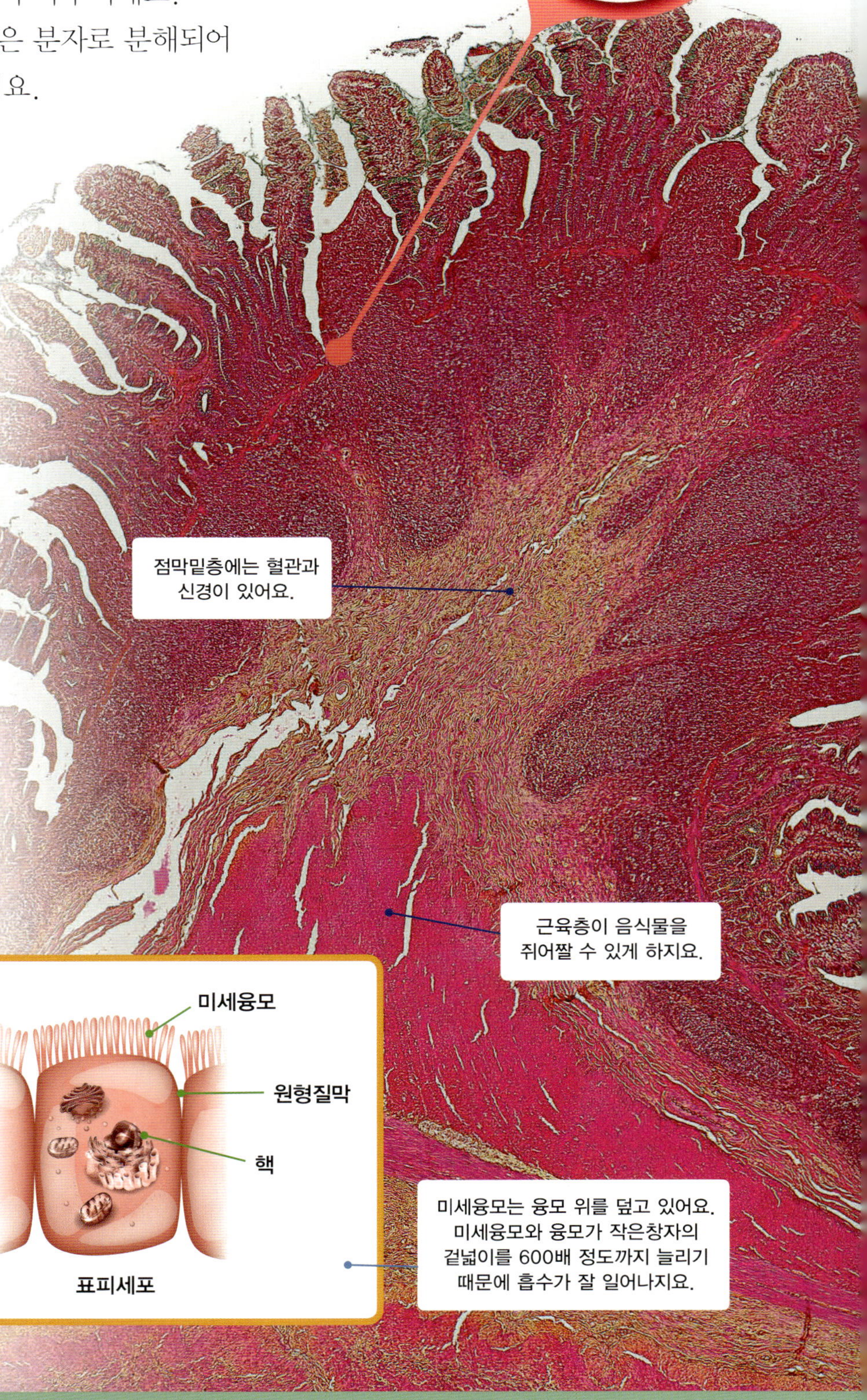

작은창자 벽 가장 안쪽의 이 층은 점막층으로, 여기에서 영양소가 흡수돼요.

점막밑층에는 혈관과 신경이 있어요.

근육층이 음식물을 쥐어짤 수 있게 하지요.

미세융모는 융모 위를 덮고 있어요. 미세융모와 융모가 작은창자의 겉넓이를 600배 정도까지 늘리기 때문에 흡수가 잘 일어나지요.

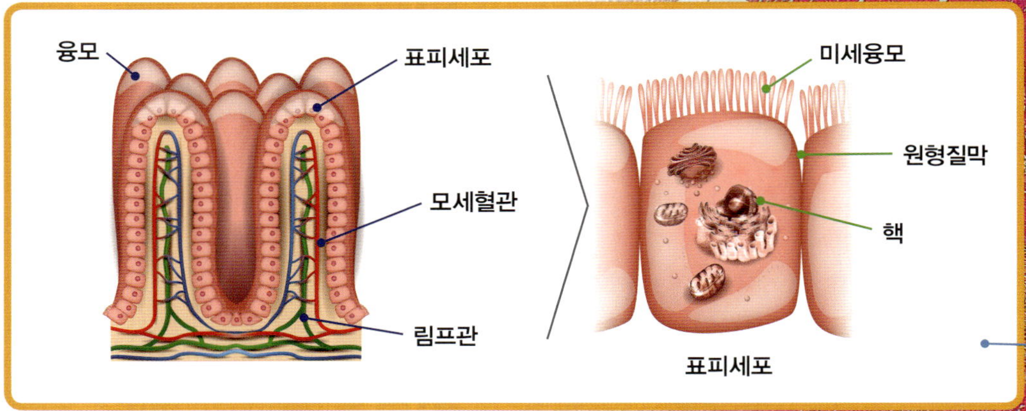

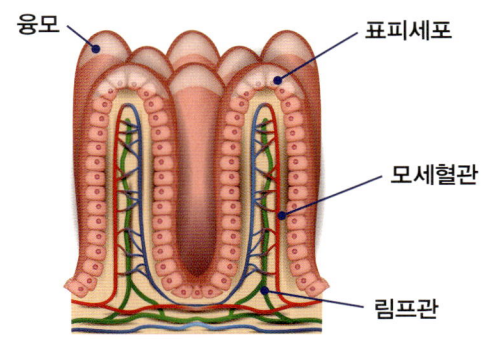

융모 · 표피세포 · 모세혈관 · 림프관 · 미세융모 · 원형질막 · 핵 · 표피세포

알고 있나요? 작은창자 1제곱밀리미터에는 약 2억 개의 미세융모가 있어요.

과학자 : 파울 랑게르한스 발견 : 인슐린을 분비하는 세포 연도 : 1869년
이야기 : 독일의 생물학자 파울 랑게르한스는 이자에서 투명한 세포의 섬을 발견했어요. 하지만 그 뒤 50년이 넘도록 아무도 그 세포의 기능은 밝히지 못했어요. 그 세포는 바로 인슐린이 만들어지는 곳이었죠. 인슐린은 1923년이 돼서야 캐나다의 의사 프러더릭 밴팅과 스코틀랜드의 생화학자 존 매클라우드에 의해 발견됐어요. 두 사람은 그 공로를 인정받아 노벨 생리의학상을 수상했지요.

우리 몸 대발견

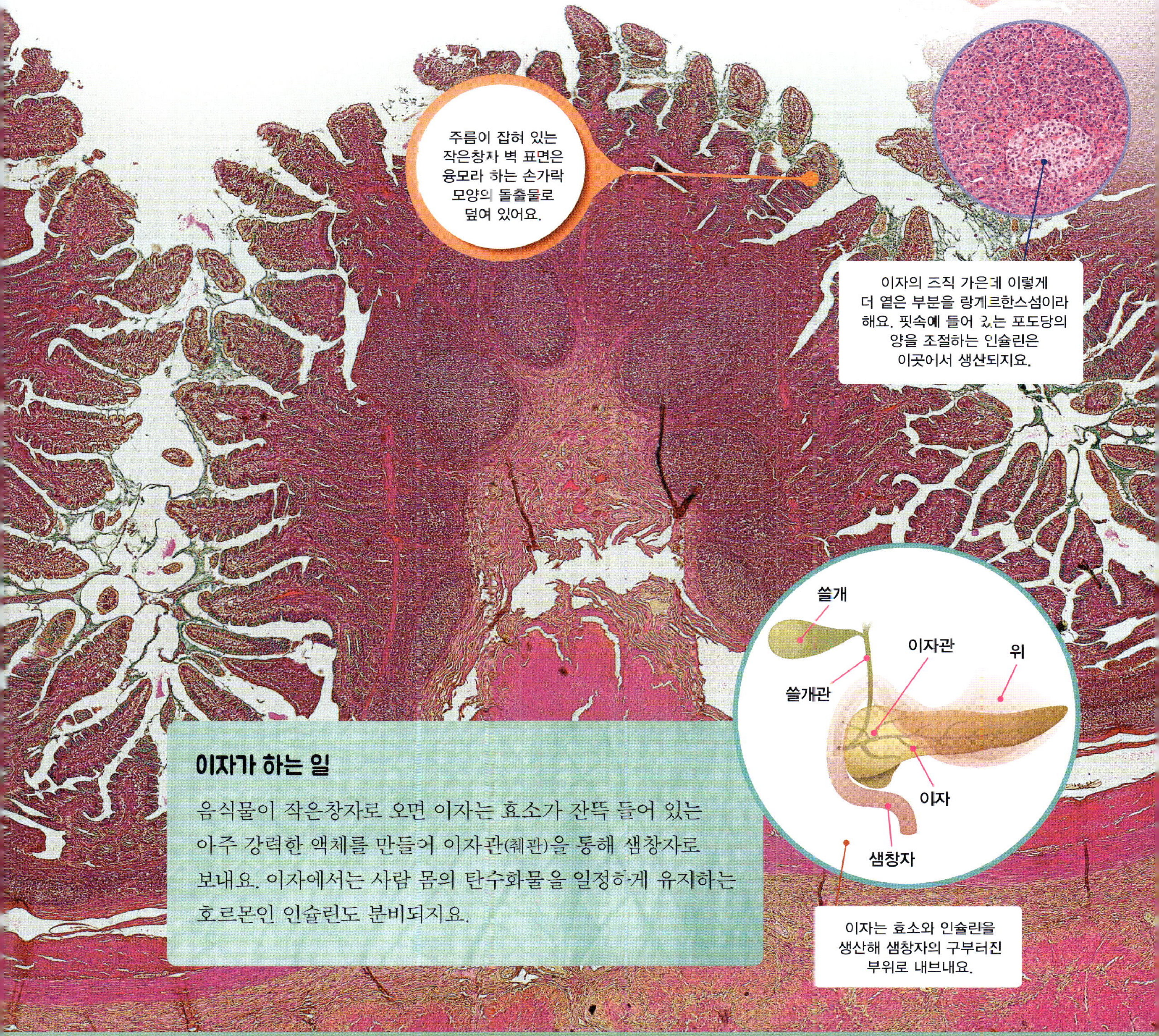

주름이 잡혀 있는 작은창자 벽 표면은 융모라 하는 손가락 모양의 돌출물로 덮여 있어요.

이자의 즈직 가은데 이렇게 더 옅은 부분을 랑게르한스섬이라 해요. 핏속에 들어 있는 포도당의 양을 조절하는 인슐린은 이곳에서 생산되지요.

이자가 하는 일

음식물이 작은창자로 오면 이자는 효소가 잔뜩 들어 있는 아주 강력한 액체를 만들어 이자관(췌관)을 통해 샘창자로 보내요. 이자에서는 사람 몸의 탄수화물을 일정하게 유지하는 호르몬인 인슐린도 분비되지요.

쓸개 / 이자관 / 위 / 쓸개관 / 이자 / 샘창자

이자는 효소와 인슐린을 생산해 샘창자의 구부러진 부위로 내보내요.

간

간은 사람 몸에서 가장 무거운 장기예요. 사람 몸의 화학공장으로서 500가지가 넘는 다양한 일을 하고 있으니 놀랄 일도 아니지요. 음식물의 저장, 가공, 영양소 분리 모두 간이 담당하고 있어요.

열심히 일하는 간세포

간은 중앙정맥 주변에 배열된 육각형 모양의 세포군인 간소엽들이 모여 이루어져 있어요. 이 세포를 간세포라 하지요. 간세포는 영양소를 가공하고, 쓸개즙을 분비하며, 비타민과 무기염류를 저장하고, 알코올과 같은 독소를 파괴하는 일들을 해요.

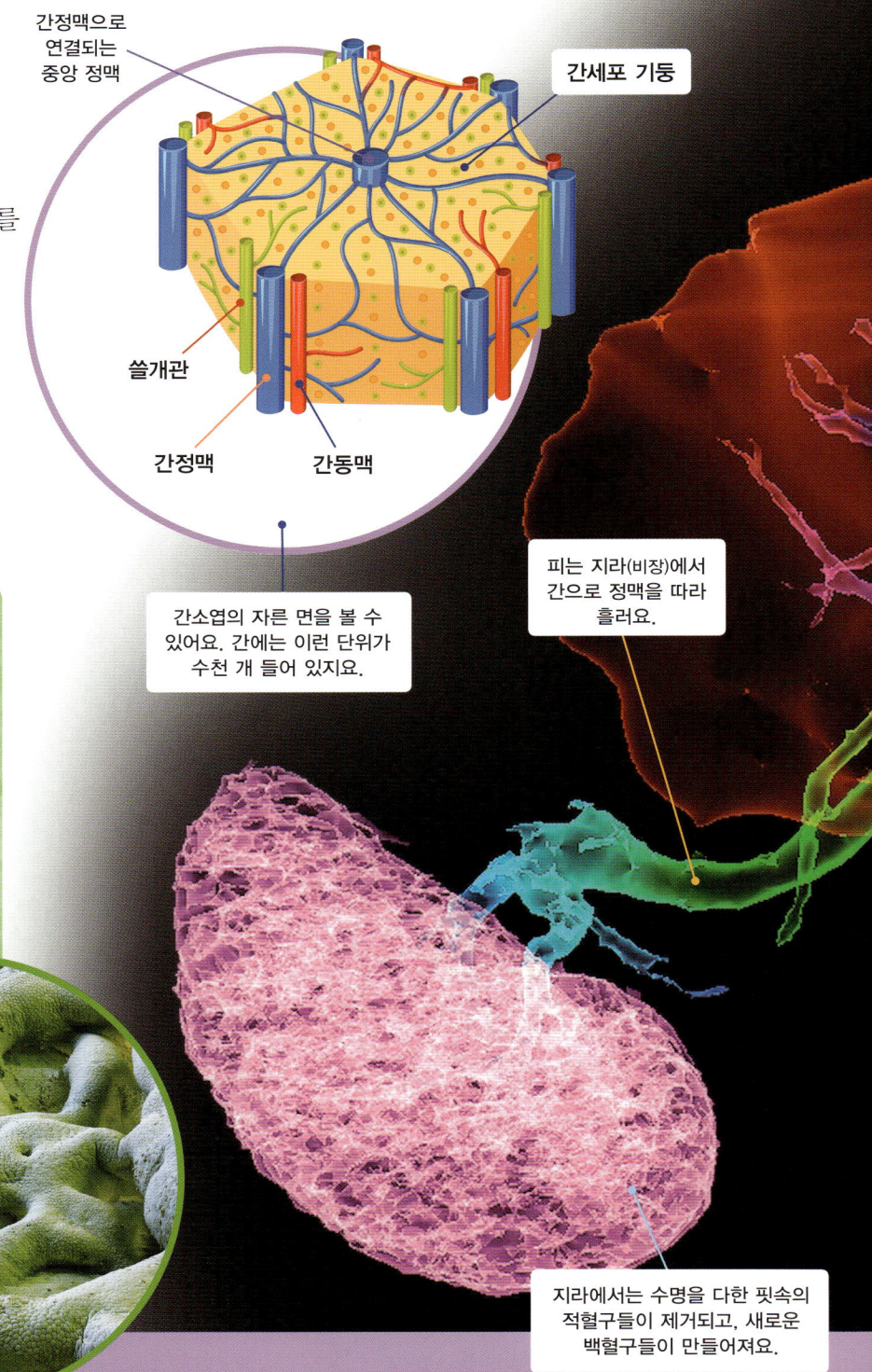

간정맥으로 연결되는 중앙 정맥

간세포 기둥

쓸개관

간정맥   간동맥

간소엽의 자른 면을 볼 수 있어요. 간에는 이런 단위가 수천 개 들어 있지요.

피는 지라(비장)에서 간으로 정맥을 따라 흘러요.

지라에서는 수명을 다한 핏속의 적혈구들이 제거되고, 새로운 백혈구들이 만들어져요.

쓴 액체

쓸개즙은 쓴맛이 나는 녹갈색 액체로 지방의 소화를 도와요. 간 아래에 주머니처럼 붙어 있는 쓸개에 저장되어 있다가 샘창자와 연결된 쓸개관을 통해 흘러나오지요. 음식물이 작은창자로 들어오면 쓸개는 쓸개즙을 내보내요.

쓸개의 주름진 내벽을 확대한 미세전자주사현미경 사진이에요. 표면의 수많은 표피세포들이 보이나요?

과학자 : 르네 라에네크   **발견** : 간이 딱딱해지는 병에 이름을 붙임
연도 : 1819년
이야기 : 고대 그리스의 의사 히포크라테스는 기원전 400~500년에 이미 간의 이상에 대해 기록했어요. 하지만 간경화라는 용어는 1819년 프랑스의 의사 르네 라에네크가 처음 붙였지요. 간경화의 영어 단어 '서로시스'는 '노란색의 오렌지'라는 뜻인데, 손상된 간(오른쪽)이 노랗게 변하기 대문에 붙은 이름이에요. 간을 딱딱하게 하는 대표적인 원인으로 지나친 음주를 들 수 있어요.

우리 몸 대발견

간과 지라의 전산화단층촬영 사진이에요.

간에 있는 피의 4분의 3은 소화 계통으로부터 와요. 간세포가 피에서 영양소를 흡수하지요.

간에서 간정맥을 통해 몸에서 가장 큰 정맥인 하대정맥으로 피가 흘러요.

간동맥은 산소가 든 피를 간으로 가져와요. 피는 간동맥을 따라 흐르며 각각의 간세포에 영양과 산소를 전달하지요.

이쪽은 간의 우엽으로, 간은 우엽이 좌엽보다 더 커요.

알고 있나요? 간은 잘 재생되며, 손상된 부분의 수리도 자체적으로 할 수 있어요. 간의 약 65퍼센트가 제거되더라도 3개월이면 다시 자라날 수 있어요.

콩팥과 소변

사람은 평생 동안 약 42,000리터의 소변을 생산해요.

사람 몸에서 화학반응이 일어나면 노폐물도 함께 만들어져요. 예를 들어, 간이 단백질을 분해할 때는 요소가 만들어지지요. 요소 같은 노폐물들은 소변이 되어 몸 밖으로 배출돼요.

콩팥의 안쪽

콩팥(신장)의 바깥층인 겉질에는 현미경으로만 보이는 콩팥의 단위인 네프론이 수백만 개 있어요. 네프론은 피를 거르면서 핏속에 남아 있는 포도당과 같이 몸에 유용한 물질을 다시 흡수해요. 나머지 노폐물은 콩팥의 중간층에 있는 속질의 좁은 관에 모였다가, 깔때기 모양을 한 구조를 통과해 방광으로 이어지는 긴 관인 요관으로 흘러 들어가지요.

모든 네프론에는 피를 가져오고 내보내는 모세혈관 뭉치들이 있어요. 또 물질을 흡수하고, 소변을 형성하는 가느다란 관들도 있지요.

콩팥은 몸속 물의 양을 조절해요. 예를 들어 탈수* 증상이 있어 몸에 물이 적어지면, 우리 몸은 최대한 몸 밖으로 물을 내보내지 않으려 하지요. 소변도 평소보다 훨씬 적어져요.

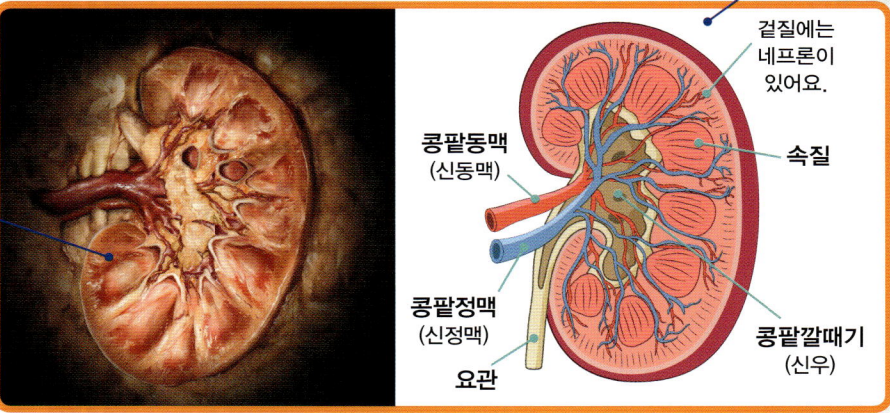

겉질에는 네프론이 있어요.

콩팥동맥 (신동맥)
속질
콩팥정맥 (신정맥)
콩팥깔때기 (신우)
요관

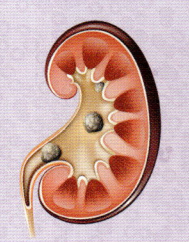

우리 몸 대발견

과학자 : 페른스트룀과 요한슨
발견 : 결석을 제거하는 새로운 방법 발견
연도 : 1976년
이야기 : 요산이나 칼슘과 같은 물질은 콩팥에 돌맹이처럼 생긴 결석을 형성할 수 있어요. 결석은 통증을 일으키고 감염의 원인이 되지요. 외과의사인 페른스트룀과 요한슨은 오늘날에도 이용되고 있는 결석 제거 방법을 개발했어요. 그들은 몸속에 가는 플라스틱 관을 집어넣어 콩팥에 있는 결석을 빼냈어요.

*탈수 : 물기가 빠짐.

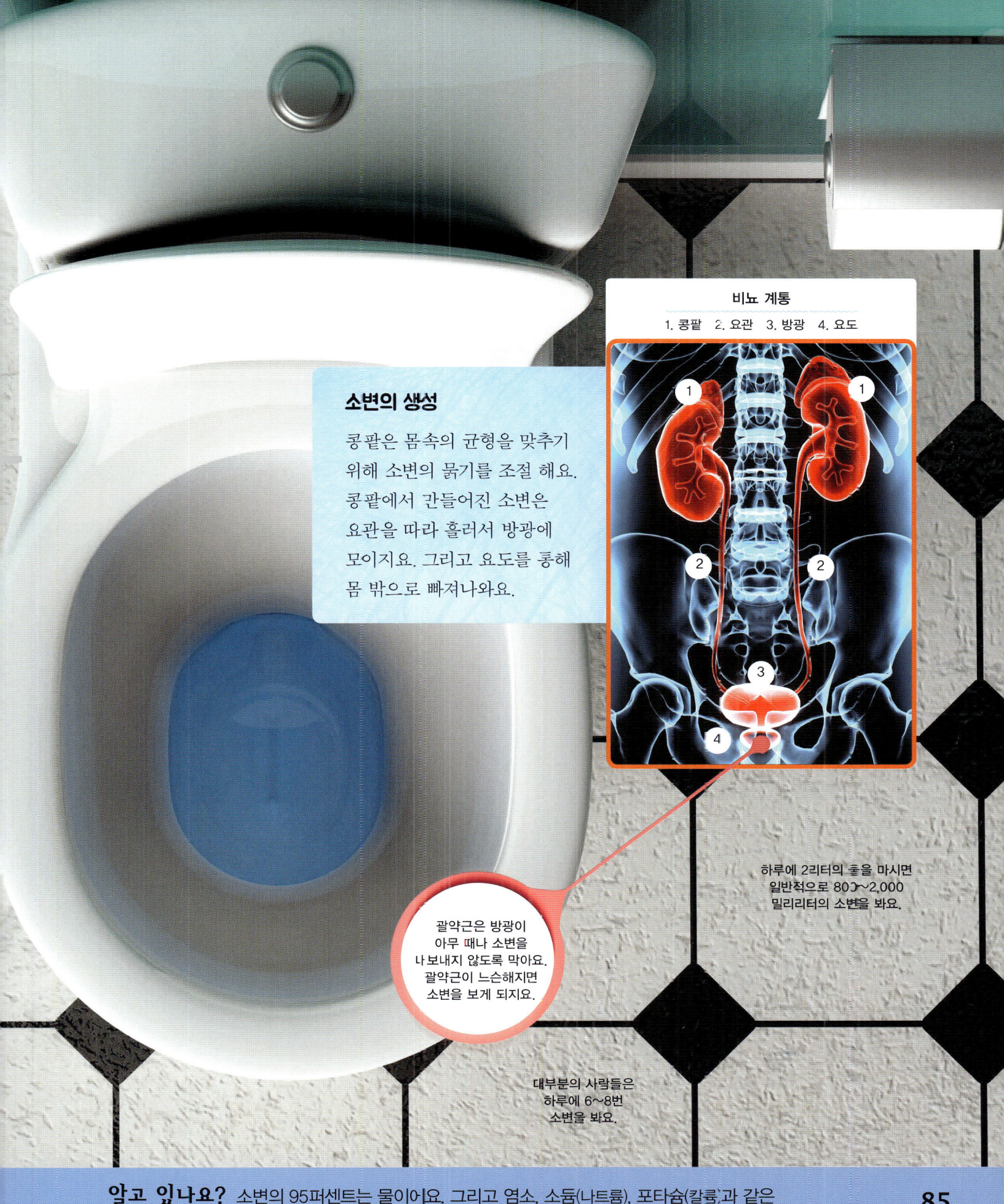

소변의 생성
콩팥은 몸속의 균형을 맞추기 위해 소변의 묽기를 조절 해요. 콩팥에서 만들어진 소변은 요관을 따라 흘러서 방광에 모이지요. 그리고 요도를 통해 몸 밖으로 빠져나와요.

비뇨 계통
1. 콩팥 2. 요관 3. 방광 4. 요도

하루에 2리터의 물을 마시면 일반적으로 800~2,000 밀리리터의 소변을 봐요.

괄약근은 방광이 아무 때나 소변을 내보내지 않도록 막아요. 괄약근이 느슨해지면 소변을 보게 되지요.

대부분의 사람들은 하루에 6~8번 소변을 봐요.

알고 있나요? 소변의 95퍼센트는 물이에요. 그리고 염소, 소듐(나트륨), 포타슘(칼륨)과 같은 무기염류와 요소도 들어 있지요.

특별한 식이

우리가 먹는 음식의 종류는 개인적인 취향 뿐 아니라 소화 계통의 기능, 전통과 관습, 살고 있는 지역 문화에 따라서도 달라져요. 사람들은 각 지역의 풍토에 따라 음식의 재료와 가공법을 진화시켜 왔기 때문에 그렇게 정착된 지역의 음식과 농사법이 그곳 사람들의 몸을 천천히 변화시키기도 해요.

음식 알레르기

어떤 음식에 알레르기가 있으면 우리 몸에서는 통증, 팽창, 설사, 구토, 발진, 가려움증 같은 증상이 나타나 그 음식을 소화시킬 수가 없어요. 우리 몸의 면역 계통이 그 음식을 침입자로 여기기 때문이지요. 그 가운데 가장 위험한 반응은 아나필락시스로 혈압이 떨어지고, 호흡이 가빠지며, 심하면 죽을 수도 있어요. 우유, 달걀, 견과류, 해산물, 콩, 밀은 사람들에게 흔히 알레르기를 일으키는 음식들이에요.

에피네프린을 주사하면 아나필락시스를 멈출 수 있어요. 에피네프린은 막혔던 기도를 다시 열어 주지요.

우리 몸 대발견

과학자 : 아레태우스
발견 : 만성소화장애증(셀리악병) 기술
연도 : 150년
이야기 : 로마시대의 의사 아레태우스는 처음으로 만성소화장애증에 대한 기록을 남겼어요. 그는 이 병을 '콜리아코스'라 불렀는데 '배의 병'이라는 뜻이었지요. 이 병은 밀과 곡류에 많은 단백질인 글루텐에 대한 알레르기 반응으로 일어나요. 만성소화장애증 환자는 작은창자에서 영양소를 제대로 흡수하지 못하지요.

알고 있나요? 7,500년 전 유럽에서는 유전적 변이가 생겨 젖당못견딤증이 사라졌어요. 지금 유럽인들은 더 이상 우유를 마셔도 아프지 않게 되었지요.

단식

일정 기간 동안 음식을 먹지 않고 버티는 것을 단식이라 해요. 몇몇 질병은 단식을 통해 치료할 수 있고, 어떤 의사들은 단식이 모든 사람에게 도움이 된다고도 하지요. 단식은 많은 종교에서 중요한 의식으로 여겨지기도 해요.

성인의 약 25퍼센트만이 젖당분해효소를 생산해요. 이 효소는 우유에 들어 있는 젖당을 분해하기 위해 필요하지요.

유대교에서는 속죄일이 끝나는 날 양의 뿔로 만든 나팔을 불어요. 유대교인들은 이날 25시간 동안 단식을 하지요.

유제품 알레르기가 있는 사람이 우유를 마시면, 피부가 가려워지면서 벌집 모양으로 부풀어요. 구토나 설사를 하기도 하고, 심하면 아나필락시스 반응이 오기도 하지요.

산양유에는 우유보다 젖당이 적게 들었어요. 그래서 젖당못견딤증이 있는 사람들도 산양유는 마실 수 있지만 그래도 탈이 날 수 있어요.

제5장 뇌와 감각

몸 기능의 통제와 조절

뇌는 사람의 생각과 판단을 몸의 각 부위로 보냄으로써 사람의 몸과 마음을 통제해요. 성인의 뇌는 무게가 약 1.4킬로그램이고, 약 1,000억 개의 신경세포를 가지고 있어요. 각 신경세포는 수천 개의 다른 신경세포와 연결되어 있지요. 과학자들은 뇌가 우주 전체를 통틀어서 가장 복잡한 구조 가운데 하나일 거라고 생각해요.

전기적 연결

뇌는 사람 몸의 모든 부위로부터 신호를 받고, 각 부위가 무엇을 해야 할지 판단해 다시 신호를 보내요. 신호는 뇌줄기(뇌간)를 통해 척수를 타고 온몸 곳곳으로 퍼져 나가지요.

머리뼈의 윗부분을 구성하는 8개의 뼈가 뇌를 둘러싸서 연약한 뇌를 보호하고 있어요.

뇌는 눈을 포함한 다양한 감각기관을 통해 온몸과 전 세계에서 전해지는 정보를 모아요.

뇌줄기

뇌줄기는 호흡과 같이 잠재의식으로 기능하는 것들을 통제해요. 또 뇌를 척수에 연결하지요.

과학자 : 토머스 윌리스
발견 : 뇌지도
연도 : 1664년
이야기 : 영국 옥스퍼드에서 의사이자 의학자로 일한 토머스 윌리스는 뇌의 구조에 대하 200개가 넘는 그림을 실은 책을 출판했어요. 또 '신경학'이라는 용어도 최초로 사용했지요. 신경학은 신경 계통의 과학을 다루는 학문이에요. 뇌의 특정 부위에 윌리스가 붙인 명칭들은 오늘날에도 여전히 이용되고 있어요.

우리 몸 대발견

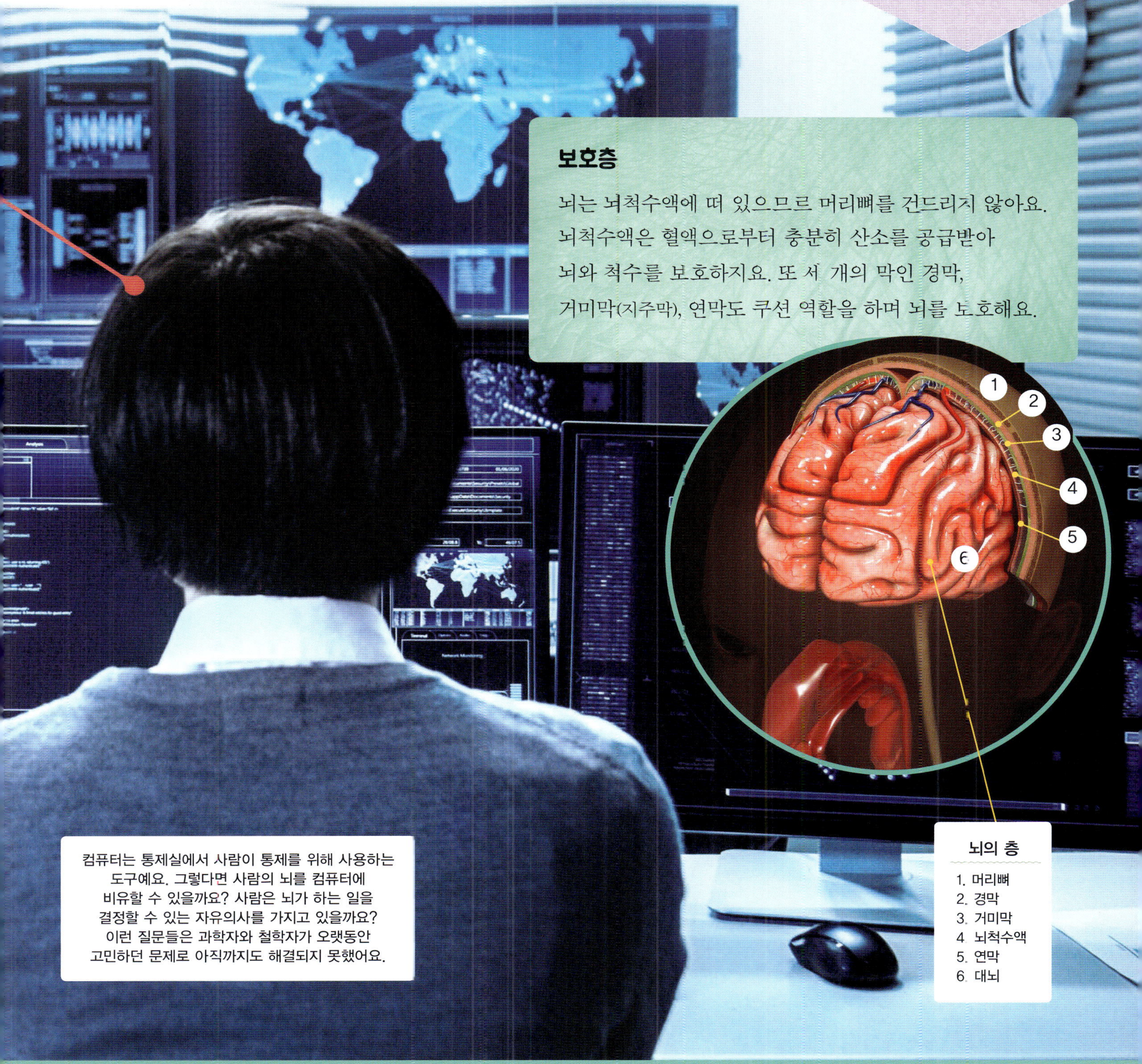

보호층

뇌는 뇌척수액에 떠 있으므로 머리뼈를 건드리지 않아요. 뇌척수액은 혈액으로부터 충분히 산소를 공급받아 뇌와 척수를 보호하지요. 또 세 개의 막인 경막, 거미막(지주막), 연막도 쿠션 역할을 하며 뇌를 보호해요.

뇌의 층

1. 머리뼈
2. 경막
3. 거미막
4. 뇌척수액
5. 연막
6. 대뇌

컴퓨터는 통제실에서 사람이 통제를 위해 사용하는 도구예요. 그렇다면 사람의 뇌를 컴퓨터에 비유할 수 있을까요? 사람은 뇌가 하는 일을 결정할 수 있는 자유의사를 가지고 있을까요? 이런 질문들은 과학자와 철학자가 오랫동안 고민하던 문제로 아직까지도 해결되지 못했어요.

알고 있나요? 뇌의 무게는 몸무게의 2퍼센트에 불과해요. 하지만 뇌는 사람이 하루에 소모하는 에너지의 12퍼센트인 약 300킬로칼로리를 사용하지요.

뇌의 안쪽

회색의 신경 조직인 주름진 뇌의 표면을 대뇌겉질(대뇌피질)이라고 해요. 그 아래에는 뇌를 가로지르며 연결된 흰색의 신경 조직이 있지요. 뇌의 중간에는 뇌와 척수를 연결하는 뇌줄기가 있어요. 소뇌는 운동과 관련된 일들을 처리하는 부위이고, 둘레계통(변연계)은 기억을 담당하는 중요한 부위예요.

좌뇌와 우뇌

뇌겉질은 좌뇌와 우뇌로 나뉘어요. 좌뇌와 우뇌는 서로 기능이 다른데 뇌들보(뇌량)라 하는 신경 다발로 연결되어 있지요.

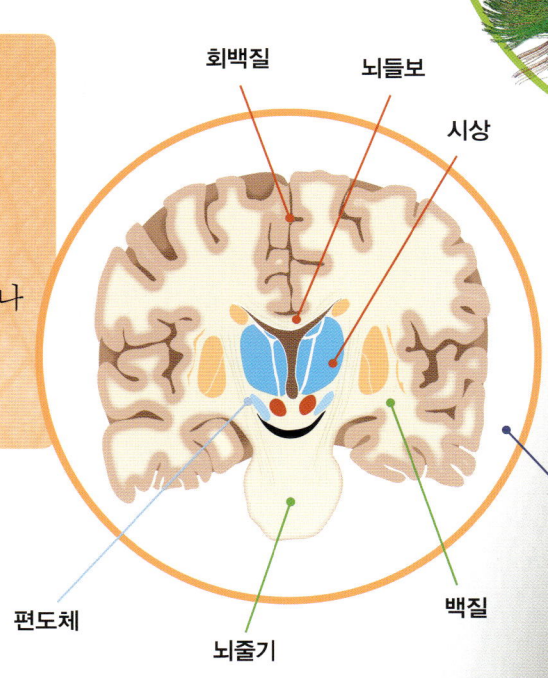

뇌의 백질에서 신경이 연결된 모양을 보여 주는 컴퓨터 영상이에요. 옆에서 옆으로(빨강), 앞뒤로(초록), 아래위로(파랑) 연결되어 있지요.

둘레계통

둘레계통은 뇌줄기의 꼭대기, 뇌의 중앙 부분에 위치해 있어요. 둘레계통에는 시상과 편도체가 포함되지요. 편도체는 사람의 느낌이나 감정을 처리하는 데 필요하다고 알려져 있어요.

- 회백질
- 뇌들보
- 시상
- 편도체
- 뇌줄기
- 백질

사람의 뇌는 좌우대칭 구조라는 것을 알 수 있어요.

우리 몸 대발견

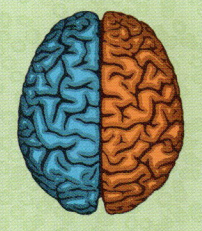

과학자 : 로저 스페리
발견 : 좌뇌와 우뇌를 나누어서 실험
연도 : 1941년
이야기 : 과거에는 위험한 발작을 일으키는 질병인 뇌전증을 앓는 환자의 경우, 좌뇌와 우뇌를 연결하는 뇌들보를 자르는 방법을 써 치료하기도 했어요. 미국의 뇌과학자 로저 스페리는 이 수술을 받은 환자들을 연구해 좌뇌와 우뇌가 각각 어떤 기능을 하는지 알아냈고, 1981년 노벨 생리의학상을 수상했지요.

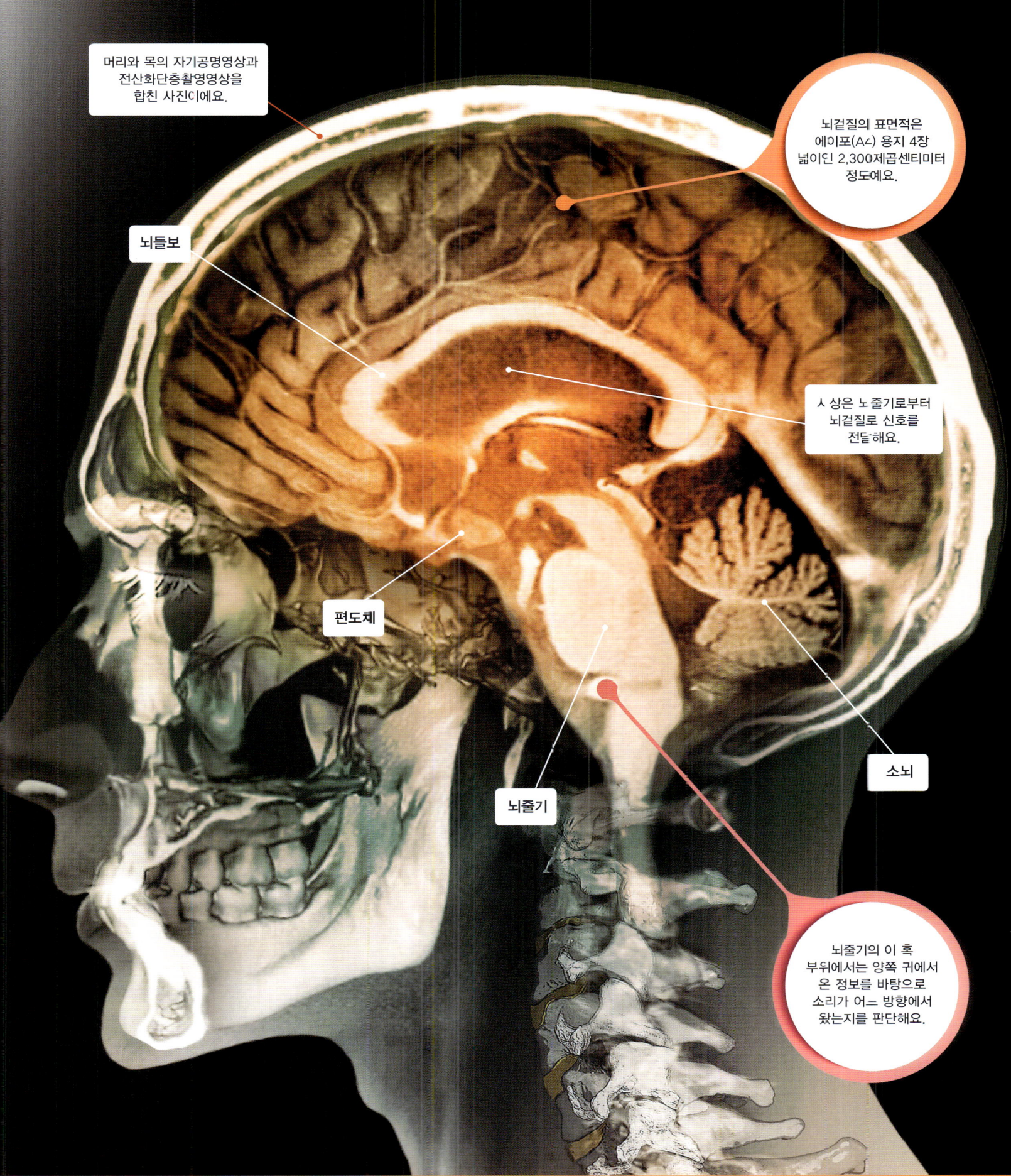

뇌 지도

과학자들은 이제까지 50년이 넘는 시간 동안, 사람의 뇌가 기능할 때 활동하는 뇌의 부위를 표시한 지도를 만들어 왔어요. 그 결과 지금은 사람이 생각하거나 말할 때 뇌의 어느 부위가 사용되는지를 컴퓨터 영상으로 볼 수 있게 되었지요. 동물을 관찰하면서 얻은 통찰력과 새로운 기술의 발전은 사람들이 뇌의 기능에 대해 더 자세히 이해할 수 있게 해 줘요.

감각과 감정

뇌 지도는 눈, 귀, 코, 혀 같은 감각기관에서 온 정보를 다루는 뇌의 각 부분에 대한 상세한 위치를 담고 있어요. 하지만 감정을 담당하는 부분을 찾아내는 것은 아직 쉽지 않지요.

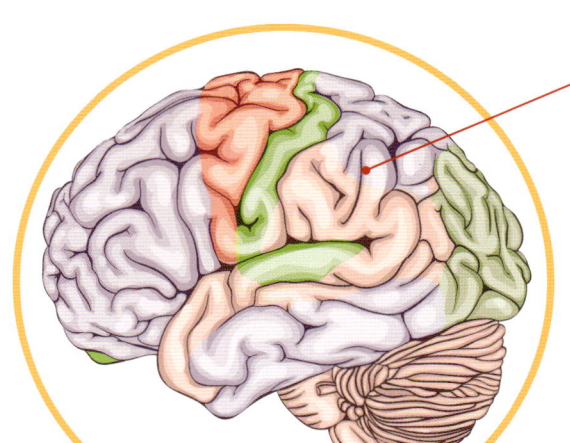

대뇌겉질에서는 감각(초록)과 운동(빨강, 분홍)을 감지해요. 이를 연결하는 부위(보라)는 해석과 이해를 담당하지요.

이 뇌의 자른 면은 기억을 형성하도록 연결되어 있는 뇌의 중앙부를 보여 줘요.

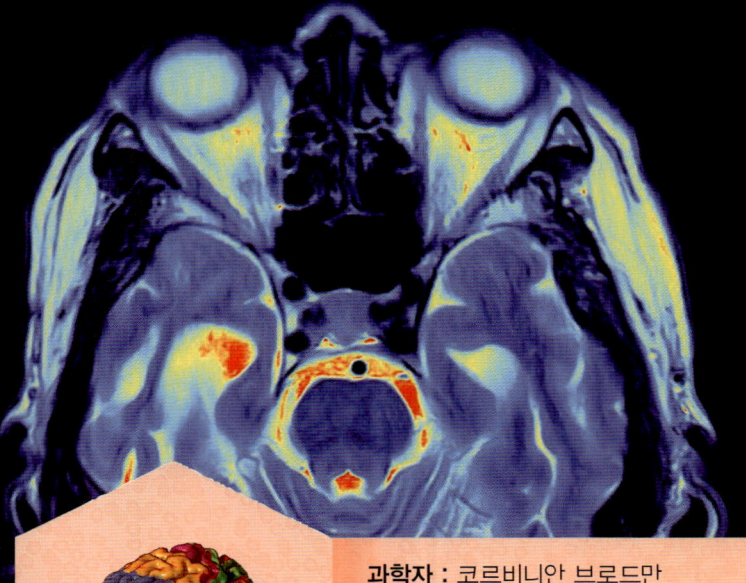

과학자 : 코르비니안 브로드만
발견 : 뇌 기능의 상세한 지도
연도 : 1909년
이야기 : 독일의 신경학자인 코르비니안 브로드만은 새로운 현미경 기술과 세포염색 기술을 이용해 뇌를 서로 다른 기능을 하고 있는 52개 구역으로 나눠 설명했어요. 이 브로드만영역(왼쪽)은 뇌가 어떻게 기능을 하고 있는지를 연구하기 위해 오늘날에도 여전히 이용되고 있어요.

우리 몸 대발견

알고 있나요? 신경외과 의사들은 탈라이라크 좌표라는 3차원 좌표를 이용해 뇌 지도에서 특별한 위치를 정확히 찾아내요.

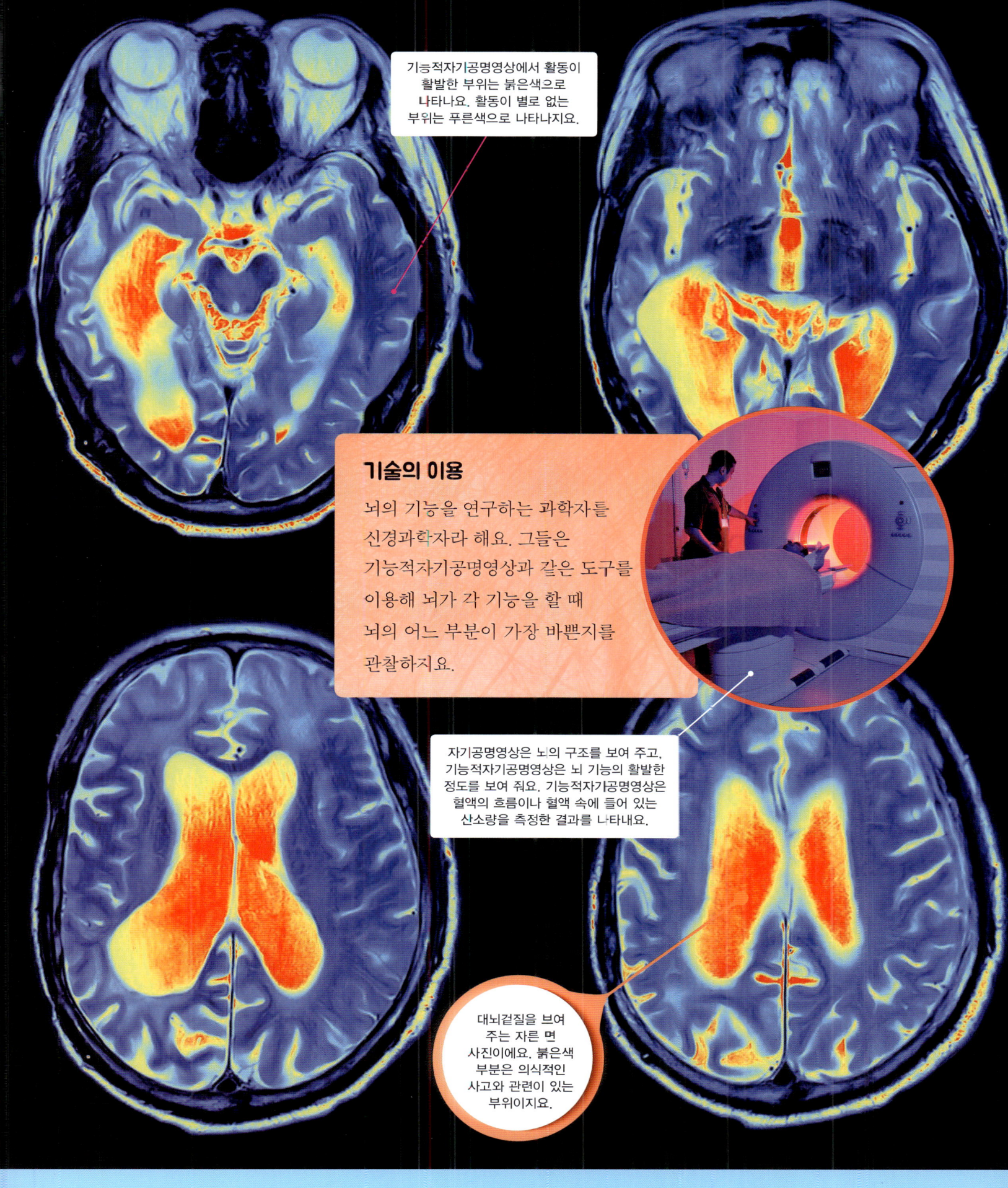

기능적자기공명영상에서 활동이 활발한 부위는 붉은색으로 나타나요. 활동이 별로 없는 부위는 푸른색으로 나타나지요.

기술의 이용

뇌의 기능을 연구하는 과학자를 신경과학자라 해요. 그들은 기능적자기공명영상과 같은 도구를 이용해 뇌가 각 기능을 할 때 뇌의 어느 부분이 가장 바쁜지를 관찰하지요.

자기공명영상은 뇌의 구조를 보여 주고, 기능적자기공명영상은 뇌 기능의 활발한 정도를 보여 줘요. 기능적자기공명영상은 혈액의 흐름이나 혈액 속에 들어 있는 산소량을 측정한 결과를 나타내요.

대뇌겉질을 보여 주는 자른 면 사진이에요. 붉은색 부분은 의식적인 사고와 관련이 있는 부위이지요.

신경세포

신경세포는 사람의 뇌와 신경 계통에 뭉쳐 있어요. 한 장소에서 다른 장소로 신호를 전달하지요.

시냅스(연접)

한 신경세포가 다른 신경세포와 닿아 있어 신호가 전달되는 지점을 시냅스라고 해요. 하나의 신경세포는 수천 개의 신경세포와 연결되어 있지요. 어떤 신경세포는 표적이 되는 신경세포를 활성화시키기 위한 화학물질을 분비하고, 다른 신경세포는 전기적 신호를 내보내기도 해요.

신호 주고받기

신경세포는 신호를 받아 모으거나 다른 곳으로 보내기 위해 세포 표면에 바깥쪽으로 돌출된 팔을 많이 가지고 있어요. 신호를 모으는 많은 수의 길이가 짧은 팔들을 가지돌기라 해요. 신호를 다른 세포로 보내는 일은 한 개뿐인 긴 팔인 축삭이 하지요. 축삭은 털보다도 훨씬 가늘지만 길이가 4미터에 이르기도 해요.

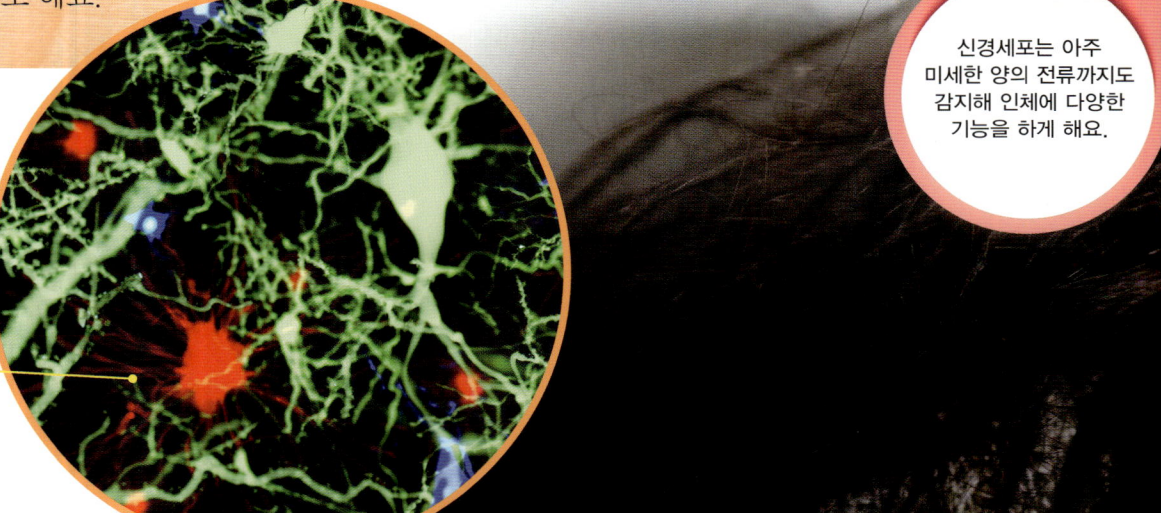

머리에 씌워진 이 감지기는 대뇌겉질의 전기적 활동을 감지해요. 감지된 뇌의 활성 정도는 뇌파도로 나타나지요.

가지돌기

세포의 핵

신경의 전달 방향

축삭

축삭 말단

전형적인 신경세포를 표현한 그림이에요. 그림에서는 간략하게 나타냈지만 실제 가지돌기의 수는 100,000~200,000개 정도예요.

신경세포는 아주 미세한 양의 전류까지도 감지해 인체에 다양한 기능을 하게 해요.

뇌 조직에 있는 다른 세포들은 신경세포의 연합체(초록)를 지지하고, 영양을 공급하고, 보온해 주고, 질병을 일으킬 수 있는 병균을 파괴하는 일들을 해요.

알고 있나요? 어떤 과학자들은 신경세포의 수가 전체 뇌세포 수의 20퍼센트 정도라 하고, 또 어떤 과학자들은 50퍼센트 정도라고도 해요. 나머지는 신경교세포로, 뇌를 하나로 붙이는 역할을 하지요.

이 여성은 뇌의 전기적 활동을 그래프*로 나타낸 '뇌파도'를 측정하는 중이에요.

눈으로부터 오는 신호는 시신경을 따라 뇌의 뒷부분으로 전달돼요.

조현병과 같은 정신적 질환을 치료하기 위해서도 뇌의 활동을 이해할 필요가 있어요.

과학자: 산티아고 라몬 이 카할
발견: 신경세포의 독립적 기능
연도: 1906년
이야기: 스페인의 의사 산티아고 라몬 이 카할은 새로운 세포염색 기술을 이용해 시냅스의 존재를 밝혀냈어요. 그는 신경세포가 관처럼 하나로 연결돼 한 번에 신호를 멀리 전달하는 것이 아니라 서로 분리되어 신호를 주고받는다는 것을 알아냈고, 덕분에 노벨 생리의학상 수상자가 됐어요.

우리 몸 대발견

*그래프: 여러 가지 자료를 분석해 그 변화를 한눈에 알아볼 수 있도록 나타낸 직선이나 곡선.

신경 계통

신경은 뇌와 척수로부터 뻗어 나와 우리 몸 곳곳으로 신호를 전달해요.
뇌와 척수를 가리켜 중추신경계라고 하지요. 중추신경계에서
온몸으로 뻗어 있는 신경 체계는 말초신경계라 해요.

신경 계통은 사람의 몸을 섬세하게 통제하고 또한 몸으로부터 영향을 받아요.

자율신경계

신경 계통에서의 많은 신호는 사람의 통제 없이 발생해요. 소화 계통이 음식을 소화시키고, 폐가 숨을 쉬고, 혈압이 일정하게 유지되는 것은 각 계통이 자율적으로 기능하기 때문이지요. 이렇게 자율적으로 신호를 전달하는 신경들이 자율신경계를 구성해요.

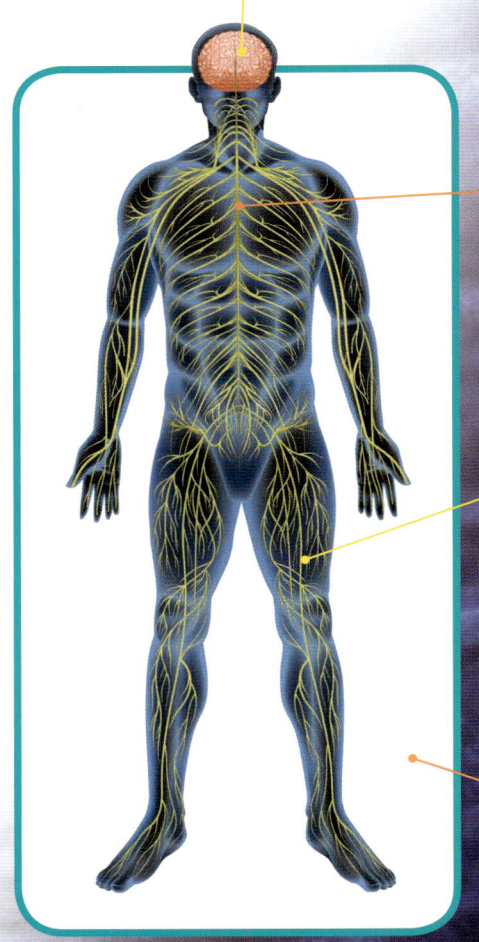

뇌신경 12쌍은 뇌와 신호를 주고받아요.

척수신경 31쌍은 척수로부터 갈라져 나와요.

등 아래에서 발끝까지 이어지는 궁둥신경(좌골신경)은 사람의 몸에서 가장 긴 신경이에요.

뇌신경과 척수신경을 합해 43쌍의 신경이 말초신경계와 중추신경계를 연결해요. 이 신경들이 몸의 여러 부위로부터 신호를 받아들이고 내보내지요.

우리 몸 대발견

과학자 : 오토 뢰비
발견 : 신경이 화학물질과 함께 전달됨을 증명
연도 : 1921년
이야기 : 독일의 화학자 오토 뢰비는 전기 자극으로 박동을 늦춘 심장에서 분비된 화학물질을 다른 심장으로 옮기자, 전기 자극 없이도 다른 심장의 박동이 느려지는 것을 발견했어요. 신경세포의 신호가 화학적임을 증명한 것이에요. 오늘날에는 신경세포의 정보가 화학물질 전달과 전기적 신호가 혼합된 복합적인 것이라는 사실이 알려져 있어요.

알고 있나요? 1970년대 초, 과학자들은 어류와 포유동물의 신경에 화학물질과 전기적 시냅스가 혼합되어 있음을 확인했어요.

사람이 극한 스포츠를 즐기거나 위험한 행위를 할 때 아드레날린이라는 신경전달물질이 만들어져요. 아드레날린은 심장박동을 증가시키고, 감각을 고조시키지요.

사람 몸의 모든 부위는 협력을 통해 어렵고 위험한 운동을 수행해요.

훈련받은 절벽 다이버들은 중추신경계와 말초신경계를 이용해 완벽한 자세를 잡아요. 그래서 아주 빠른 속도로 물에 들어갈 때에도 안전을 유지할 수 있지요.

세로토닌 분자 모형

신호 보내기

신경전달물질은 축삭 말단에서 분비되는 화학물질이에요. 신경세포들 사이에서 신호가 전달되게 하고, 지금까지 100개도 넘는 종류가 발견되었지요. 주로 중추신경계와 창자에서 발견되는 신경전달물질인 세로토닌은 사람의 기분에 영향을 미쳐요. 의사들은 이런 화학물질을 정신과적 질환을 치료하기 위해 사용하기도 해요.

촉각

사람의 피부에는 촉각 수용기라는 감지기가 있어 뜨겁거나 차다, 부드럽거나 딱딱하다, 거칠거나 매끈하다 같은 다양한 느낌을 구분할 수 있어요. 촉각은 네 가지 종류가 있으며, 사람들이 주변에 무엇이 있는지를 이해하고 상호작용하는 것을 도와주지요. 또 사람들이 해로운 것을 피하도록 도와주기도 해요.

촉각 수용기는 사람들이 물체의 크기, 모양, 감촉, 온도를 감지하는 것을 도와줘요.

촉각 수용기의 종류

기계적 감각 수용기는 압력, 진동, 감촉을 감지해요. 온도 수용기는 온도를, 통증 수용기는 통증을 감지하지요. 고유감각기(106쪽)는 주변 환경과 우리 몸이 맺고 있는 관계를 알려 줘요. 사람의 촉각 수용기는 다른 물질과 닿을 때마다 뇌로 신호를 보내지요. 사람의 입술과 손가락 끝은 가장 많은 촉각 수용기를 가지고 있어요.

입술은 몸에서 가장 민감한 부분 가운데 하나예요.

각 감각 정보를 처리하기 위해 뇌가 사용되는 정도를 나타낸 모형이에요. 크게 표현된 부위일수록 감각 수용기가 많은 부위라는 것을 알 수 있지요.

손가락 끝의 압력 수용기 개수는 1제곱센티미터당 100개나 되기도 해요!

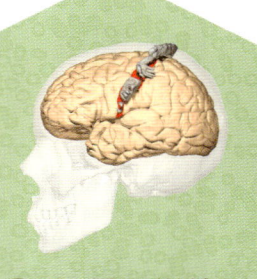

우리 몸 대발견

과학자 : 와일더 펜필드
발견 : 뇌의 기능적 해부학
연도 : 1951년
이야기 : 캐나다의 신경외과 의사인 와일더 펜필드는 뇌수술을 할 때 환자에게 국소마취를 한 뒤 뇌에 가벼운 자극을 주는 전기탐침으로 환자의 반응을 일일이 살펴 가며 수술을 진행했어요. 병이 생긴 부위를 제거할 때 생길 수 있는 부작용을 최소화하기 위해서였지요. 펜필드는 그 반응들을 기록해 몸감각겉질의 뇌지도를 만들었어요.

알고 있나요? 아주 드물지만 선천적으로 통증을 느끼지 못하는 사람들도 있어요. 편리해 보일지 모르지만 이들은 사실 큰 위험에 처하기 쉽지요.

손에 있는 피부 감지기도 몸감각겉질*과 연관이 있어요.

통증 느끼기

통각 수용기는 상처나 극단의 온도에 대해 뇌로 통증 신호를 보내요. 우리 몸이 적절한 반응을 할 수 있도록 하는 것이지요. 이때 피해를 줄이기 위해 즉각적인 반응이 필요하다면 척추는 반사궁*을 작동해 뇌를 통하지 않고 즉시 반응하기도 해요.

찰과상을 입은 상황은 긴급한 위험 상황이 아니기 때문에 반사궁이 작동하지 않아요. 통각 수용기로부터 뇌까지 신호가 전달되지요.

사람들은 어릴 때부터 통증을 느끼면 어떻게 반응하고 조절해야 할지를 배워요. 하지만 때로는 조절이 불가능할 정도로 심한 통증을 느낄 수도 있어요.

*몸감각겉질 : 대뇌겉질 가운데 촉각 신호를 처리하는 부분.
*반사궁 : 의지와는 관계없이, 자극에 대해 저절로 일어나는 일정한 반응이 관여하는 신경의 경로.

눈과 시각

눈은 빛의 색과 밝기를 감지하는 감지기예요. 이 감지기는 1억 개 이상의 빛에 민감한 세포를 이용해 빛을 신호로 바꿔요. 이 신호가 시신경을 따라 뇌로 이동하면, 뇌의 시각겉질 부분에서는 이 신호를 다시 실제 감지한 모형으로 바꾸어 인식하지요.

눈에서 빛의 여행

빛은 동공이라 하는 구멍을 따라 눈으로 들어가요. 수정체와 각막이 빛을 눈 뒤에 있는 조직인 망막으로 모으지요. 망막에는 빛을 감지하는 세포인 막대세포(간상세포)와 원뿔세포가 있어요. 막대세포는 희미한 빛을 감지할 수 있게 하고, 원뿔세포는 미세한 구조와 색을 감지하게 하지요. 또 망막에는 뇌로 신호를 보내는 신경세포의 층도 있어요.

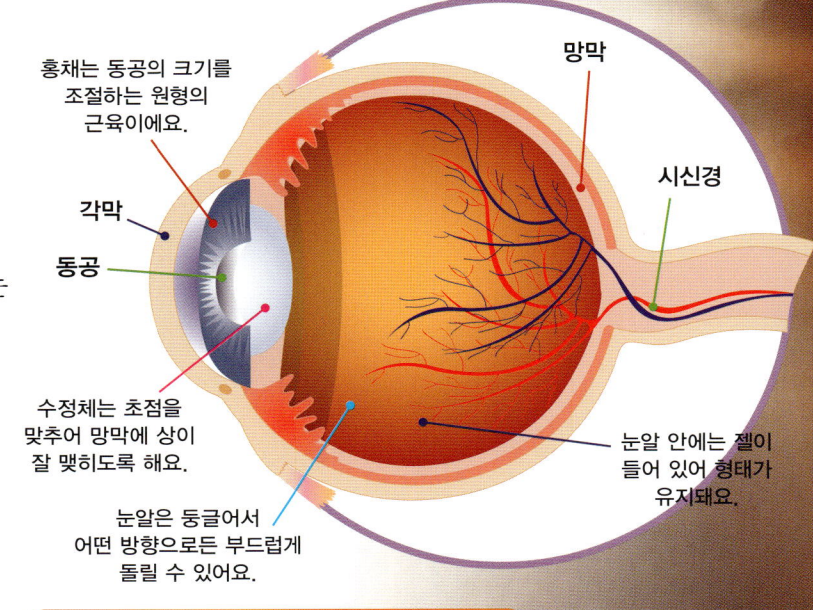

홍채는 동공의 크기를 조절하는 원형의 근육이에요.

각막

동공

수정체는 초점을 맞추어 망막에 상이 잘 맺히도록 해요.

눈알은 둥글어서 어떤 방향으로든 부드럽게 돌릴 수 있어요.

망막

시신경

눈알 안에는 젤이 들어 있어 형태가 유지돼요.

착시

우리가 눈을 통해 인식한 모습이 항상 정확한 것은 아니에요. 뇌는 빠른 인식을 위해 특정한 규칙에 따라 정보를 처리하기 때문이에요. 그러나 이 방법은 잘못된 해석을 하게 하거나 시각적인 환각을 일으킬 수도 있어요.

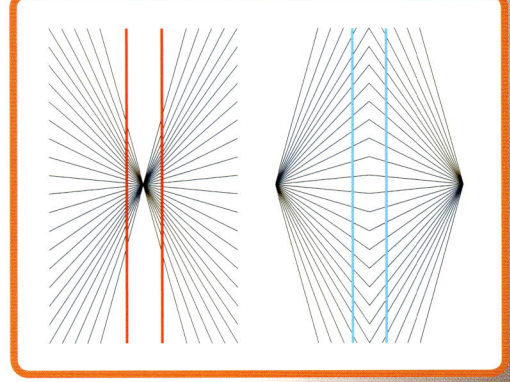

빨간색과 파란색 선이 구부러진 것처럼 보이는 것은 뇌가 두 선 사이의 거리를 인식할 때 검은색 선의 영향을 받기 때문이에요.

우리 몸 대발견

과학자 : 퍼트리샤 배스
발견 : 진일보한 백내장 수술법
연도 : 1981년
이야기 : 안과 의사인 퍼트리샤 배스는 미국 맹인예방 연구소의 공동창시자예요. 이 연구소는 예방을 통해 사람들이 맹인이 되지 않도록 돕는 것을 목표로 했어요. 배스는 1981년 백내장을 수술하는 새로운 기구이자 시술법인 '레이저파코'를 발명했어요. 레이저파코는 사람들이 시력을 유지하는 데 도움을 주었지요.

알고 있나요? 전 세계 사람들 가운데 25퍼센트는 밝은 햇빛 아래서 재채기를 해요. 빛을 감지하는 시신경이 코로 드나드는 신호를 감지하는 신경과 같은 다발에 있기 때문이지요.

귀와 청각

사람의 귀는 주변으로부터 음파*를 모으고 이 음파를 신경 신호로 바꾸어 대뇌로 보내요. 뇌의 청각겉질 부분에서 전달된 신경 신호는 다시 소음, 말, 음악으로 바뀌어 인식되기 때문에 우리는 소란과 침묵, 소리의 높고 낮음, 달콤한 속삭임과 거친 말투를 구별할 수 있어요.

귀의 안쪽

깔때기 모양의 귓바퀴는 음파를 모아서 귓속 구멍에 있는 고막이라 하는 얇은 조직층으로 보내요. 고막은 북처럼 진동하며 세 개의 작은 뼈에 진동을 전달하지요. 세 뼈 가운데 맨 끝에 있는 등자뼈는 안뜰창(난원창)이라 하는 얇은 조직층에 붙어 있는데, 여기서부터 소리의 진동이 내이로 들어가요. 내이는 액체로 차 있는 달팽이관과 세반고리관으로 구성돼요.

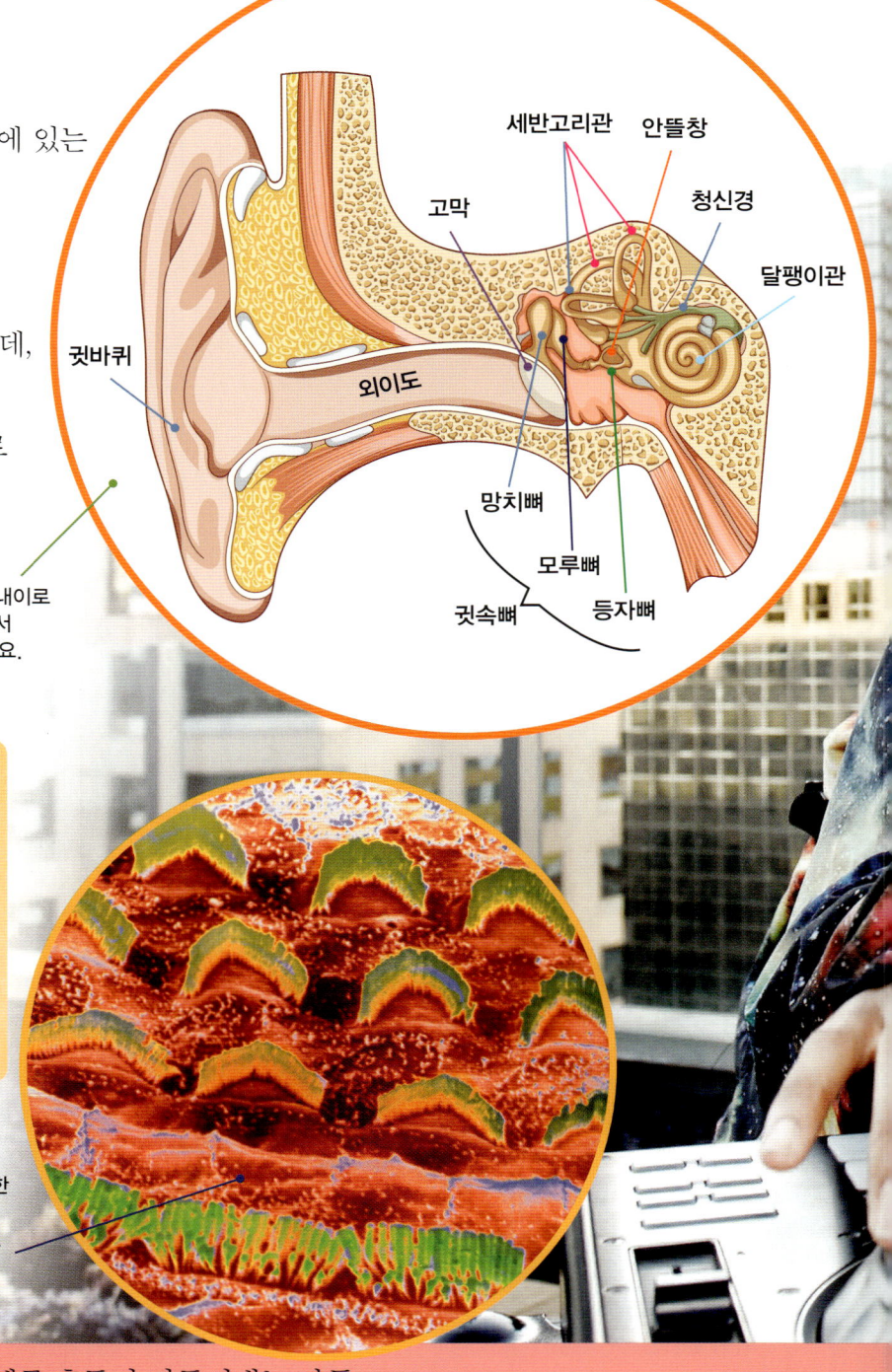

소리는 진동의 형태로 중이와 내이로 전달돼요. 그리고 내이에서 전기적 신호로 바뀌게 되지요.

청각을 위한 털

달팽이관 안에 있는 코르티기관에는 소리를 감지하는 털이 있어요. 이 털은 진동의 형태로 전달된 소리를 전기적 충격으로 바꾸어 청신경을 통해 뇌로 보내요.

코르티기관 외부에는 V자 모양을 한 세 줄로 배열된 약 20,000개의 털이 있어요. 내부에는 청신경으로 연결된 약 3,500개의 털이 한 줄로 배열되어 있지요.

*음파 : 소리를 내는 물체가 공기나 액체를 흔들어 만들어내는 파동.

과학자 : 밀러 리스 허치슨
발견 : 최초의 전기 보청기
연도 : 1902년
이야기 : 1895년 미국의 발명가 밀러 리스 허치슨은 친구를 위해 전기 보청기(오른쪽)를 고안했는데 그 보청기는 너무 커서 실용적이지 못했어요. 1902년 허치슨은 들고 다닐 수 있을 정도로 크기를 줄인 보청기인 어쿠스티콘을 개발했지요. 이 기구에는 초기 전화에 이용된 탄소 마이크가 들어가 소리를 증폭시켰어요.

우리 몸 대발견

사람은 뇌의 양쪽에 청각 부위가 있어요.

헤드폰은 다른 사람들을 방해하지 않고 혼자 소리를 듣게 해 줘요. 또 주변의 소음을 막아 주기도 하지요.

소음을 측정하는 단위는 데시벨이에요. 85데시벨이 넘는 소리는 청각에 영구적인 손상을 가져올 수 있어요!

성인은 20~20,000헤르츠 사이의 소리를 들을 수 있어요. 나이가 들면 고음을 감지하는 능력을 잃게 돼 들을 수 있는 소리의 범위가 줄어들지요.

알고 있나요? 길이가 3밀리미터이고 폭이 2.5밀리미터인 등자뼈는 사람의 몸에서 이름이 붙은 뼈 가운데 가장 작아요.

후각과 미각

원시시대에 살던 사람의 조상은 냄새를 맡고, 맛을 보는 능력이 오늘날의 사람들보다 뛰어났어요. 짝이나 음식을 찾고, 불을 피하며, 위험한 동물이나 독이 든 음식을 피하기 위해서 감각에 크게 의존해야 했기 때문이지요.

냄새의 과학

사람의 코에서 후각 수용기는 갓 구운 케이크, 쉰 우유, 타는 플라스틱의 냄새 같은 여러 종류의 서로 다른 냄새들을 감지해요. 냄새 분자가 수용기에 붙으면 후각망울이 정보를 처리해 뇌로 보낼 신호를 만들지요. 여기서부터 신호는 후각로를 따라 뇌까지 이동해요. 과학자들은 10가지의 기초적인 냄새가 나머지 모든 냄새를 만들어 낸다고 생각해요.

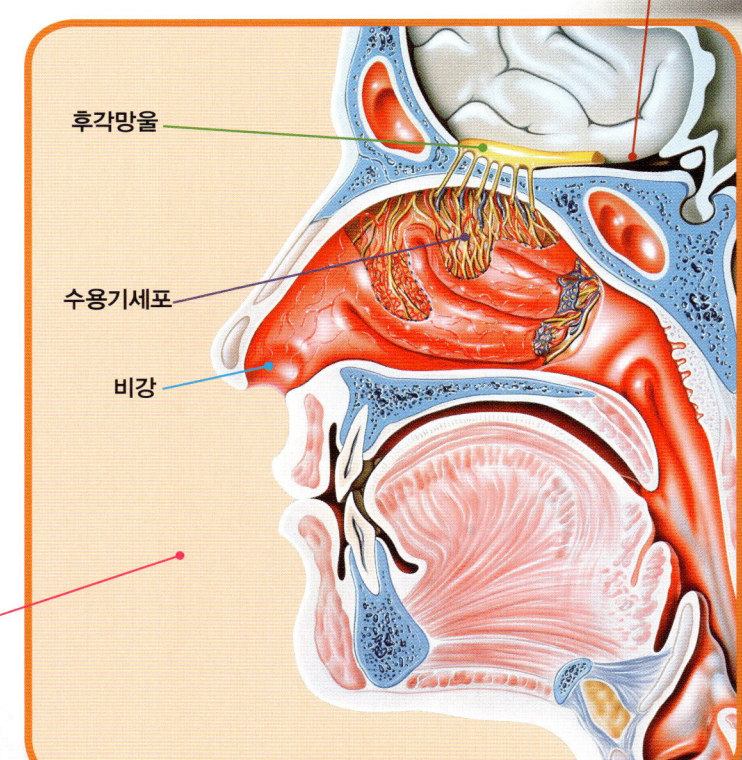

후각은 뇌로 직접 연결되어 있는 유일한 감각이에요. 후각 신호는 수용기세포로부터 후각망울로 직접 전달되지요.

맛의 본질

맛봉오리(미뢰)는 입, 혀, 목구멍에서 음식과 음료의 분자를 감지해 신경을 따라 맛에 대한 정보를 뇌로 보내요. 하지만 맛은 맛 수용기를 통해서만 느끼는 것이 아니에요. 뇌에서는 눈과 코로부터 온 정보도 더해 맛을 판단하지요. 음식의 모양과 냄새가 구역질이 난다면 맛도 그렇게 느껴질 거예요.

혀 표면의 맛봉오리를 보여 주는 전자주사현미경 사진이에요. 맛봉오리 하나에는 50~75개의 맛 수용기가 뭉쳐져 있어요.

균형과 조화

지금까지 사람의 다섯 가지 감각인 촉각, 시각, 청각, 미각, 후각을 살펴봤어요. 그런데 과연 그 감각이 전부일까요? 우리 몸은 내이의 기관을 통해 느끼게 되는 균형감각도 갖고 있어요. 또 고유감각은 우리 몸의 움직임이 자연스럽도록 돕지요.

몸 의식하기

고유감각은 사람이 자신의 몸의 위치나 움직임을 파악하게 해요. 덕분에 사람은 난간이 없는 계단을 걸어 내려갈 수 있고 적절한 힘으로 연필을 쥘 수 있지요. 고유감각은 온몸의 근육, 관절, 힘줄, 인대에 있는 고유감각기로부터 수집돼요. 뇌가 고유감각기로부터 오는 신호들과 내이로부터 전해진 정보들을 합해서 처리하기 때문에 우리 몸은 균형을 유지할 수 있어요.

우주에서 느껴지는 중력은 지구에서보다 훨씬 약해요. 우주비행사는 새로운 환경에 적응할 때까지 수일간 균형잡기에 어려움을 느끼지요. 다시 지구로 돌아왔을 때도 마찬가지로 적응할 때까지 균형잡기에 어려움을 느껴요.

우리 몸 대발견

- **과학자** : 진 아이레스
- **발견** : 감각 통합 치료
- **연도** : 1979년
- **이야기** : 감각처리장애를 가진 사람은 아주 강한 감각을 느끼거나 감각을 전혀 느끼지 못하는 경험을 해요. 미국의 작업치료사 진 아이레스는 이 장애로 고통받는 사람들이 매일 감각에 대처하는 훈련을 할 수 있도록 하는 프로그램을 개발했지요. 아이레스가 개발한 개인맞춤형 감각활동들은 많은 감각처리장애를 지닌 사람들을 도왔어요.

곡예사의 손과 팔에 있는 고유감각 수용기가 막대를 얼마나 단단히 잡아야 하는지 알려 줘요.

시각은 균형을 잡을 때 중요한 역할을 해요. 사람은 앞에 있는 한 점에 시선을 고정함으로써 안정을 유지할 수 있어요.

귀에 있는 세반고리관(102쪽)이 뇌로 신호를 보내면 뇌는 몸의 움직이는 방향이나 속도를 알아차려요. 균형을 유지하기 위해서는 이 정보들이 필수적이지요.

긴 막대가 곡예사의 체중을 분산시켜, 쉽게 균형을 잡을 수 있도록 해 줘요. 팔을 양옆으로 길게 뻗어도 같은 효과를 얻을 수 있지요.

어지럼증

사람의 내이는 몸이 위아래, 앞뒤, 양옆의 여러 방향으로 움직이고 돌고 구르는 상황을 계속 추적하고 있어요.
내이에서 오는 이 신호와 눈, 고유감각기, 뇌로부터 오는 신호가 잘 어우러지지 않으면 사람은 어지럼증을 느끼게 되지요.

우리 몸의 무게중심은 그 점으로부터 모든 방향으로 무게가 같아지고 완벽하게 균형을 잡을 수 있는 점이에요.

곡예사의 각 발에는 고유감각 수용기를 가진 33개의 결합조직, 근육, 힘줄, 물렁뼈들이 있어 공간에 대한 정보들을 뇌로 보내요.

롤러코스터를 탔을 때 느껴지는 속력과 움직임도 전정계로부터 전해진 정보들이에요.

알고 있나요? 1974년 프랑스의 곡예사 필리프 프티는 뉴욕 쌍둥이 빌딩 사이에 줄을 연결해 놓고 줄타기를 했어요. 빌딩의 높이는 400미터가 넘었지요.

제6장 인생의 단계

남성과 여성

모든 생명체는 자기와 닮은 개체를 만들어 종족을 유지하려고 해요. 이를 생식이라 하지요. 많은 동식물과 마찬가지로 사람도 여성 생식세포와 남성 생식세포가 만나 생식이 이루어져요. 사람은 사춘기에 생식 능력을 갖추게 돼요(118~119쪽).

생식 계통

여성 생식 계통의 대부분은 몸 안에 있어요. 몸속 샘의 하나인 난소는 여성 생식세포인 난자를 저장하고 성숙시켜 내보내지요. 남성의 생식 계통인 음낭과 음경은 몸 밖에 있어요. 주머니 모양의 음낭은 정자를 생성하는 두 개의 정소를 품고 있고, 음경은 성교 시 정자가 들어 있는 정액을 내뿜지요.

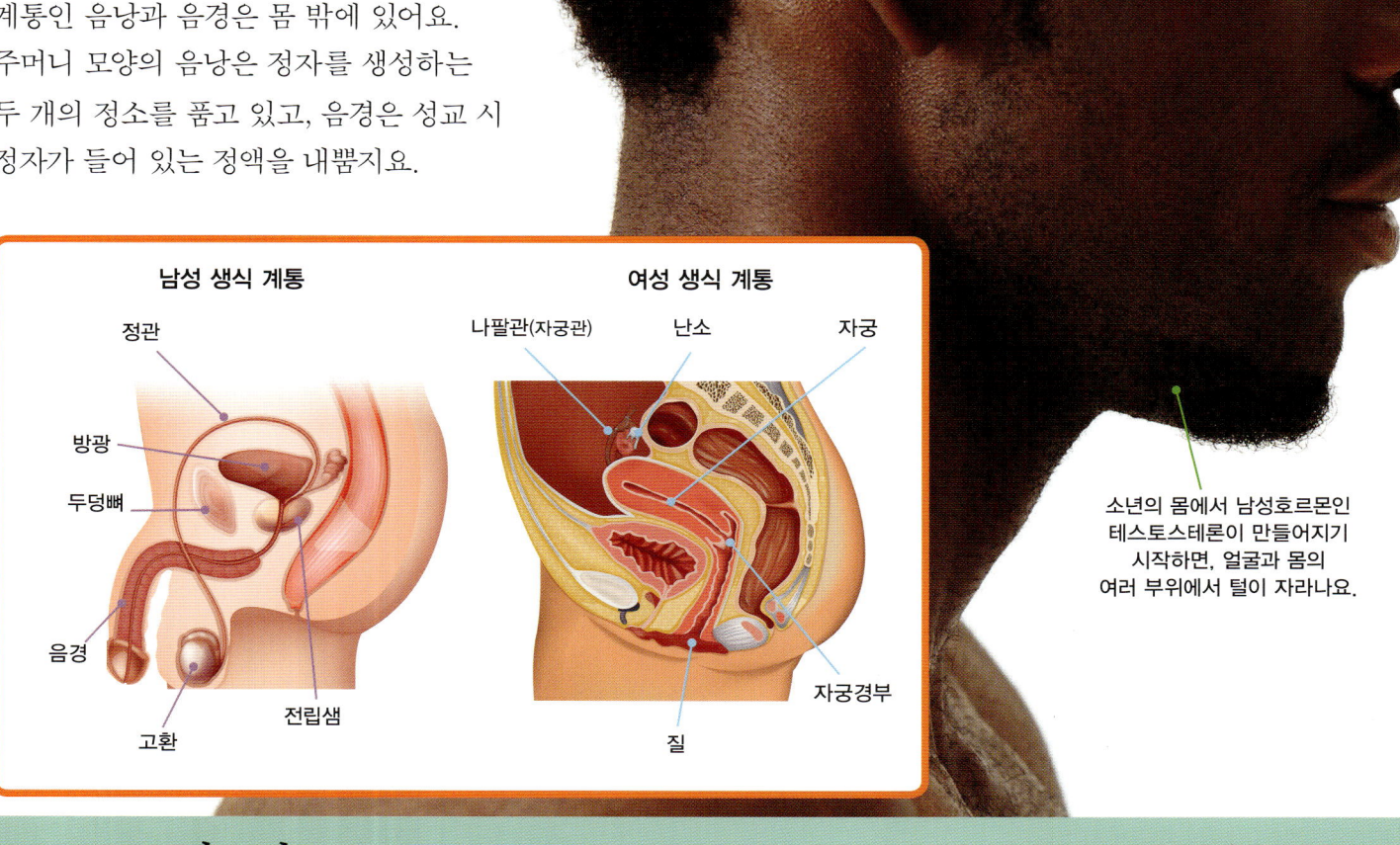

소년의 몸에서 남성호르몬인 테스토스테론이 만들어지기 시작하면, 얼굴과 몸의 여러 부위에서 털이 자라나요.

알고 있나요? 세계 인구의 50.4퍼센트는 남성이에요. 라트비아는 여성이 가장 많은 나라로 전체 인구의 54.1퍼센트가 여성이지요.

과학자 : 해리 벤저민
발견 : 성 변화에 대한 호르몬 치료법
연도 : 1948년
이야기 : 독일에서 태어난 의사인 해리 벤저민은 인체 호르몬 분야의 전문가였어요. 벤저민의 환자들 가운데는 자신의 타고난 성을 바꾸고 싶어 하는 성전환자들도 있었지요. 벤저민은 여성으로 살기를 원하는 남성들에게 여성호르몬인 에스트로겐을 처방했어요.

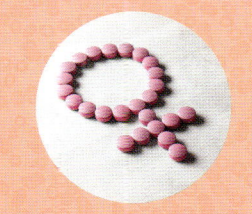

우리 몸 대발견

사람의 성은 태어날 때의 신체 모양뿐만 아니라, 스스로 생각하는 성 정체성에 따라서도 결정돼요.

뇌의 기저부에 있는 뇌하수체는 사람의 생식 계통을 자극하는 성호르몬을 분비해요.

확대된 개념의 성

전통적으로 성은 태어날 때의 생식기와 성호르몬에 의해 자라면서 나타나는 특징으로 판단돼 왔어요. 하지만 이제 성은 자신이 생각하는 성적 성향을 나타내기도 하지요. 전통적인 성 개념은 레즈비언, 게이, 양성애자, 성전환자 같은 성소수자들의 성을 설명할 수 없기 때문이에요.

여성호르몬인 에스트로겐은 목소리의 진동수를 높여 높은 음을 내게 하는 효과가 있어요.

미국의 배우 라번 콕스는 성소수자에 대한 차별 문제를 대중들에게 널리 알렸어요. 성전환자로서는 처음으로 미국의 유명 잡지인 타임지 표지를 장식하기도 했지요.

109

생명의 시작

생식이 가능한 기간 동안 여성의 난소에서는 매달 성숙한 난자를 내보내는 배란이 일어나요. 배란된 성숙한 난자가 정자와 만나 하나로 합쳐지는 현상을 수정이라 하지요. 그 결과 생겨난 세포를 접합체 또는 수정란이라고 해요. 이후 접합체는 자궁벽에 달라붙어 자양분을 공급받으면서 배로 발전해요.

난자에서 배까지
1. 난자
2. 정자와 만난 난자
3. 접합체
4. 접합체 분열
5. 2세포기
6. 4세포기
7. 8세포기
8. 상실배
9. 배반포
10. 배(자궁에 심어진 배반포)

세포분열

수정 후 약 30시간이 지나면 접합체는 두 개의 세포로 나누어져요. 그 뒤 세포분열 과정이 계속 반복되면서 접합체는 뽕나무 열매 같이 생긴 상실배가 되지요. 세포분열을 마친 상실배는 자라서 배반포가 돼요. 이제 자궁벽에 심어질 준비가 다 된 거예요.

시험관 기술

체외수정은 난자를 여성의 몸 밖으로 꺼내 정자와 결합시키는 기술이에요. 실험실에서 난자와 정자를 수정시키고 2~5일 뒤 만들어진 배반포 1~2개를 다시 여성의 자궁에 넣어 발생*이 일어나도록 하는 것이지요.

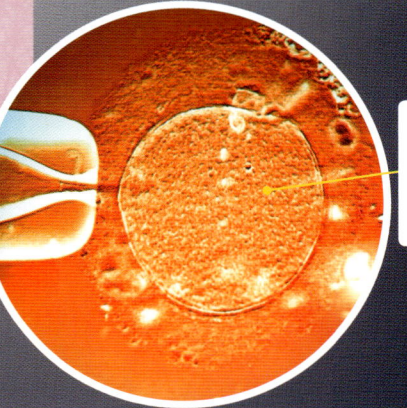

정자미세주입술은 체외수정에서 이용되는 방법이에요. 미세한 바늘(왼쪽)을 이용해 정자를 난자에 직접 주입하지요.

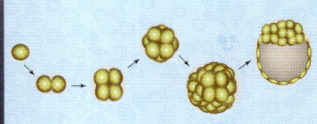

우리 몸 대발견

과학자 : 장 퍼디
발견 : 발생학
연도 : 1977년
이야기 : 영국의 간호사 장 퍼디는 산부인과 의사인 패트릭 스텝토, 생물학자 밥 에드워즈와 함께 세계 최초로 체외수정을 성공시켰어요. 퍼디는 실험실의 통제된 조건 속에서 난자와 정자를 만나게 해 배로 키워 냈지요.

*발생 : 수정란이 세포분열을 하고, 분화하고, 형태를 갖추면서 복잡한 개체가 되는 일.

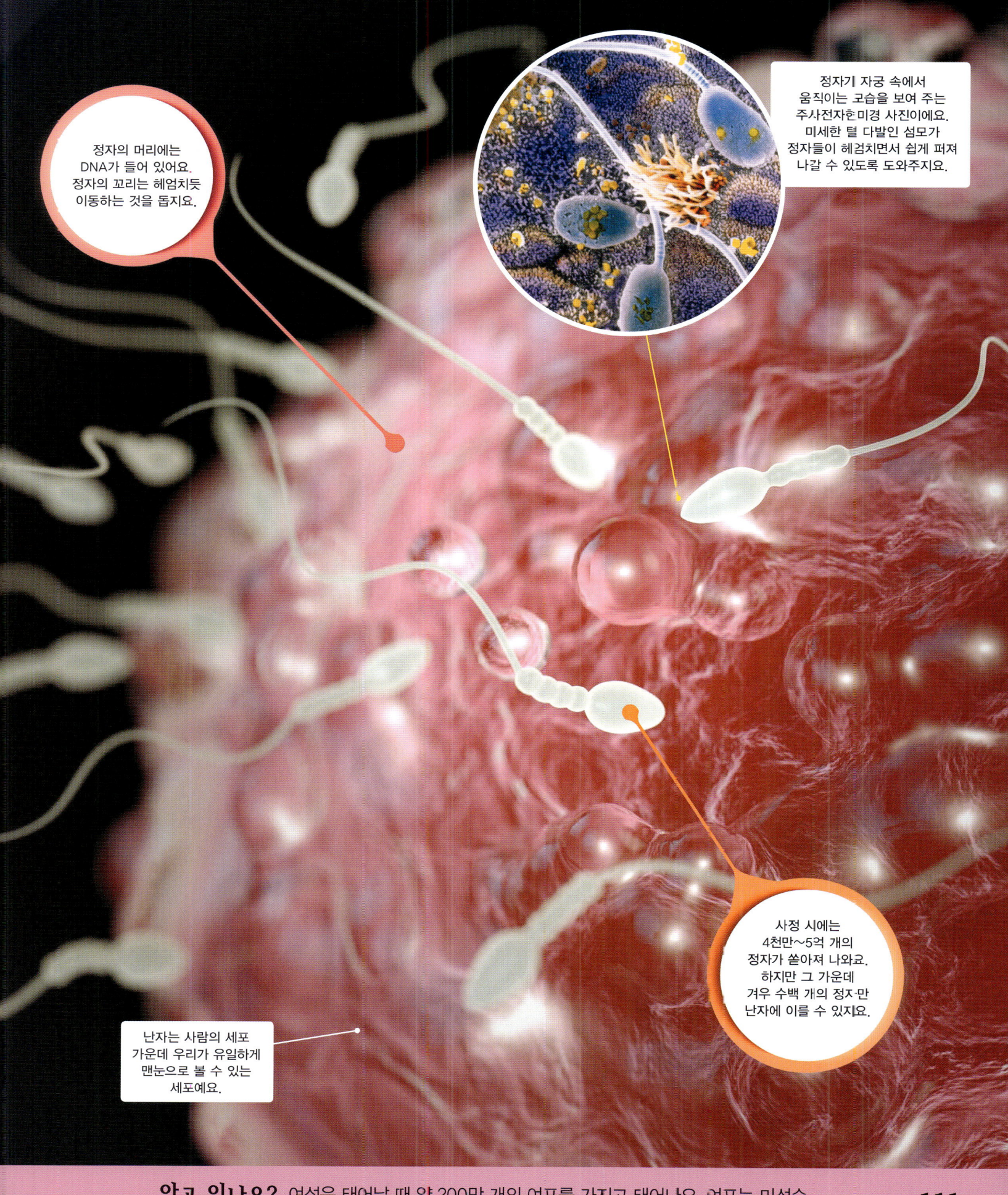

자궁 속의 태아

수정란이 만들어져 아기로 태어나기까지 약 40주의 시간이 필요해요. 일단 배반포가 자궁벽에 강하게 달라붙어 배로 자라나지요. 그리고 더 자라 모든 주요 장기가 형성되면, 그때부터는 배가 아닌 태아라 해요.

자궁 속 태반과 양막낭

태반은 태아가 자궁벽에 달라붙어 있게 하고, 엄마로부터 오는 영양소를 전달해 주며, 감염으로부터 태아를 보호하고, 노폐물을 제거해요. 태아는 자궁 속에서 양막낭에 싸여 있는데, 양막낭에는 양수가 들어 있어 외부의 충격으로부터 태아를 보호해 주고 영양소를 교환해 주는 역할을 해요.

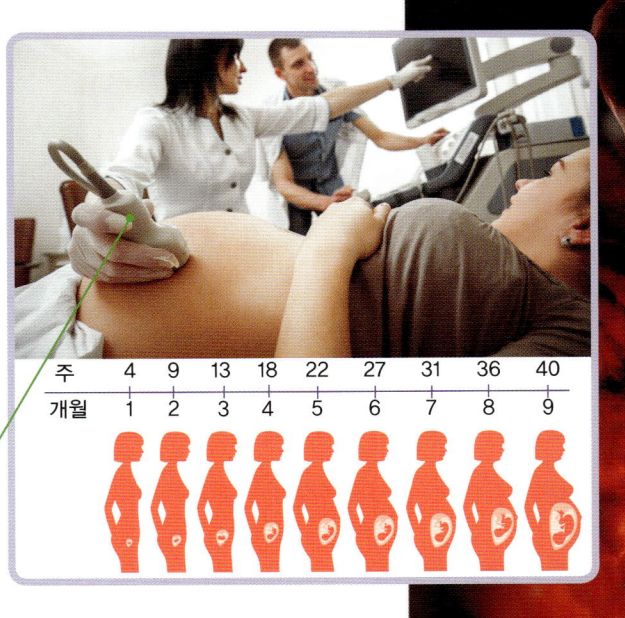

의사는 태아가 잘 자라고 있는지를 확인하기 위해 초음파로 엄마 뱃속의 아기 상태를 검사해요.

쌍둥이

두 개의 정자가 두 개의 난자와 수정되면 이란성 쌍둥이가 생겨나요. 똑같은 유전자를 지닌 일란성 쌍둥이는 하나의 수정란이 발생 중에 둘로 나뉘어 생겨나지요. 쌍둥이와 셋 이상의 쌍둥이는 임부의 나이가 많은 경우, 가족 중에 쌍둥이가 있는 경우, 체외수정을 하는 경우에 더 흔히 태어나요.

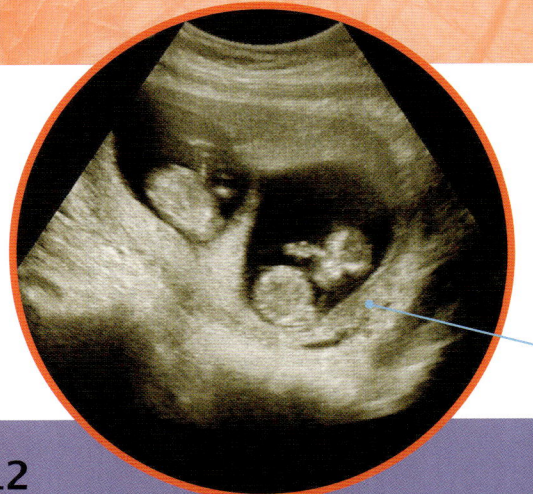

태아 둘이 별도의 양막낭에서 자라고 있는 모습을 보여 주는 초음파 사진이에요. 쌍둥이들 가운데 약 1퍼센트만이 양막낭을 함께 사용하지요.

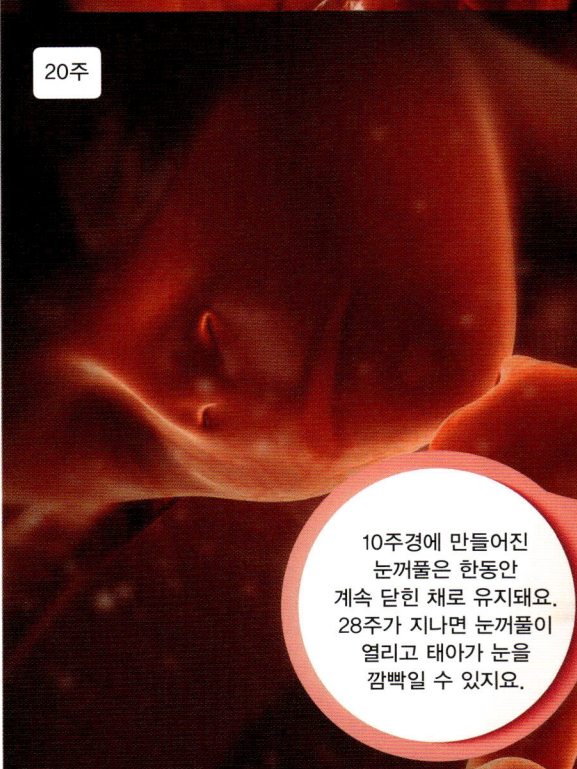

6주 — 배의 크기는 렌즈콩만 해지고, 심장이 박동하기 시작해요.

척추

20주 — 10주경에 만들어진 눈꺼풀은 한동안 계속 닫힌 채로 유지돼요. 28주가 지나면 눈꺼풀이 열리고 태아가 눈을 깜빡일 수 있지요.

과학자: 이언 도널드와 톰 브라운
발견: 태아의 초음파 스캔
연도: 1956년
이야기: 초음파 검사기는 선박 회사에서 이용하던 기기를 발전시킨 것이에요. 임신과 출산을 담당하는 산과 의사인 이언 도널드와 기술자인 톰 브라운이 최초로 개발했지요. 이 기술은 박쥐가 음파를 탐지하듯, 배 속의 아기에게 초음파를 쏘아 반사된 울림을 영상으로 나타낸 것이에요.

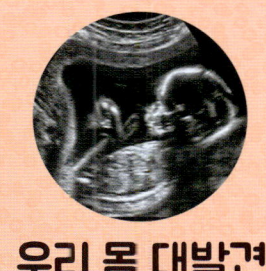

우리 몸 대발견

7주

10주

탯줄은 태반으로부터 산소와 영양소를 가져오고 노폐물을 내보내는 통로예요.

태아의 머리가 더 둥글어지고, 붙어 있던 손가락이나 발가락이 서로 떨어지게 돼요.

26주

34주

알고 있나요? 1983년 영국 리버풀에서 세계 최초로 여섯쌍둥이가 모두 살아서 태어났어요.

분만과 탄생

임신 마지막 주에 임산부의 몸에서 분비되는 호르몬은 자궁을 수축시켜요. 자궁은 점점 세게 수축하며 아기를 몸 밖으로 밀어내기 시작하지요. 대부분의 경우 이 시기에 아기의 머리가 골반으로 밀려 내려가게 돼요. 96퍼센트의 아기는 머리가 먼저 밖으로 나와요.

분만의 단계

분만은 아주 힘든 과정이에요. 첫 번째 단계에서는 자궁의 좁은 끝부분인 자궁경부가 완전히 열릴 때까지 자궁 내 근육이 강한 수축을 반복하지요. 이 과정은 수 시간이 걸리고 하루를 넘기기도 해요. 두 번째 단계에 들어가면 아기가 자궁경부를 통해 밀려 내려오고 질을 통해 밖으로 나와요. 마지막 세 번째 단계에서는 역시 질을 통해 태반이 밖으로 나오지요.

태아의 심장 박동과 자궁의 수축 정도를 기록하는 모니터예요. 태아의 심장 박동은 보통 분당 120~160회 정도예요.

막 태어난 아기는 태지라 하는 기름 성분의 하얀 물질로 덮여 있어요. 태지가 방수 처리를 해 주기 때문에 태아는 오랜 시간 양수 속에서 안전하게 지낼 수 있어요.

아기가 태어나면 분만을 담당한 사람이 아프가(Apgar) 점수를 통해 신속하게 아기의 상태를 확인해요. 점수는 아래 5가지 항목에 대해 각각 0, 1, 2점으로 매기게 되는데, 총 7점 이상이어야 아기의 건강에 문제가 없다고 할 수 있지요.

피부색(Appearance)
심장박동(Pulse)
반사(Grimance response)
근육의 힘(Activity)
호흡(Respiration)

첫 번째 단계

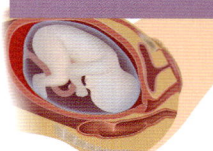

1. 아기의 머리가 부드러운 자궁경부를 통과하기 시작해요.

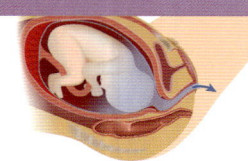

2. 자궁경부가 넓어지고, 양막낭이 터지면서 양수가 쏟아져 나와요.

두 번째 단계

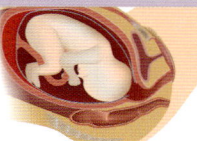

3. 지름이 약 10센티미터 정도로 넓어질 때까지 자궁경부가 확장돼요.

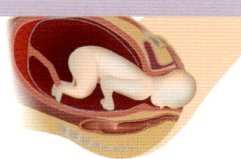

4. 아기가 질을 통해 밀려나가요.

세 번째 단계

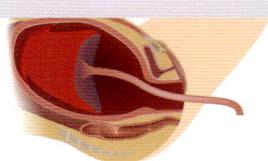

5. 태반이 밖으로 나와요.

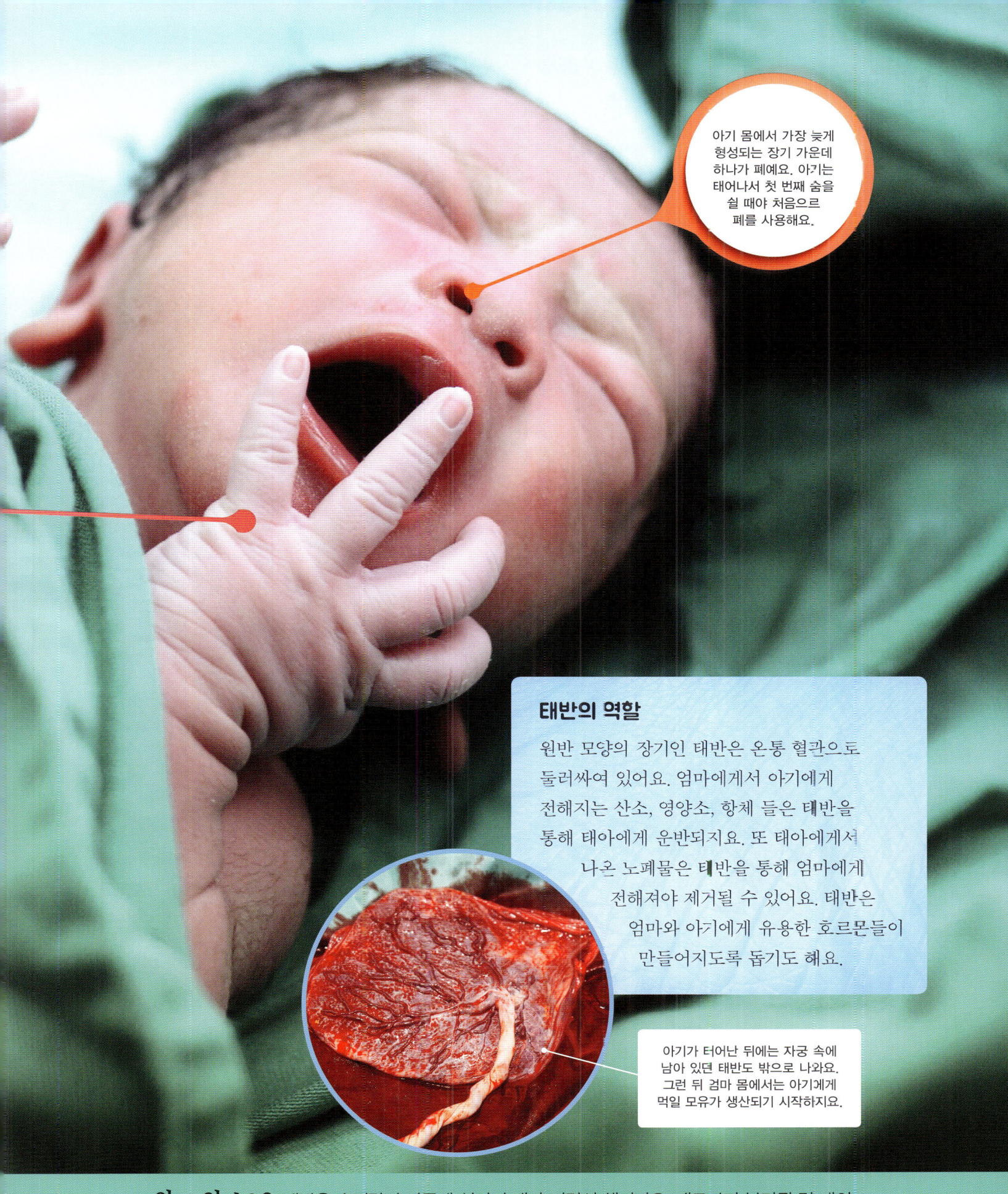

아기 몸에서 가장 늦게 형성되는 장기 가운데 하나가 폐예요. 아기는 태어나서 첫 번째 숨을 쉴 때야 처음으로 폐를 사용해요.

태반의 역할

원반 모양의 장기인 태반은 온통 혈관으로 둘러싸여 있어요. 엄마에게서 아기에게 전해지는 산소, 영양소, 항체 들은 태반을 통해 태아에게 운반되지요. 또 태아에게서 나온 노폐물은 태반을 통해 엄마에게 전해져야 제거될 수 있어요. 태반은 엄마와 아기에게 유용한 호르몬들이 만들어지도록 돕기도 해요.

아기가 태어난 뒤에는 자궁 속에 남아 있던 태반도 밖으로 나와요. 그런 뒤 엄마 몸에서는 아기에게 먹일 모유가 생산되기 시작하지요.

알고 있나요? 태반은 수정란이 자궁에 심어져 배가 되면서 생겨나요. 배로부터 분리된 몇 개의 세포가 자궁벽 속으로 파고 들어가 태반이 자라나지요.

어린이 시기

사람의 아기는 동물 세계에서 가장 무력한 존재예요. 신생아는 도움을 받지 않으면 머리를 들 수도 없고, 제대로 움직이지도 못하지요. 아이마다 다르기는 하지만 대부분 6개월 정도는 지나야 스스로 앉을 수 있고, 장난감을 집을 수 있어요. 그리고 더 시간이 흘러야 기고, 걷고, 말할 수 있지요.

뇌는 4살 때까지 3배 정도 무거워져요. 새로운 능력을 키우면서 뇌에서는 새로운 신경 경로가 만들어져요.

쑥쑥 자라는 시기

아기는 태어난 첫해에 우유를 먹는 것으로 시작해 그 뒤 점점 단단한 음식도 먹을 수 있게 돼요. 몸도 더 강해지고 감정적으로도 발전하지요. 그래서 자신과 다른 사람의 기분을 알 수 있게 돼요. 태어난 지 2년 반 정도 지나면 아기는 300개 정도의 단어를 쓰고, 1,000개 정도의 단어를 이해할 수 있어요. 언어를 더 잘 이해할수록 사회성도 발전하게 되지요.

1살이 되면 아기는 손으로 쥐고, 잡고, 뻗고, 흔들고, 박수치고, 꼬집을 수 있어요. 이 기능들을 통틀어 운동 기능이라 하지요.

아기의 입 주변을 찍은 X선 사진이에요. 어린 시절 이인 젖니가 빠지면 새로 나올 이들이 빨갛게 표시돼 있어요. 이갈이는 6세 정도부터 시작돼요.

어린 아이들은 주위를 돌아다니며 몸을 다루고, 균형 잡는 법을 익혀요.

우리 몸 대발견

과학자 : 마리아 몬테소리
발견 : 놀이를 통한 배움
연도 : 1912년
이야기 : 이탈리아의 의사 마리아 몬테소리는 전통적인 교육이 어린이의 타고난 호기심을 없애고, 독립성을 해친다고 생각했어요. 그래서 세심하게 연구한 물건들이 준비된 공간에서 놀이를 하면서 아이 스스로 여러 가지 탐구를 할 수 있도록 하는 새로운 교육법을 개발했어요.

학교 가기

어린이들은 학교에 가서 읽고, 쓰고, 수를 세는 법을 배워요. 또 친구를 사귀고, 하면 안 되는 일이나 규칙도 익히지요. 다양한 배경과 문화를 지닌 사람들을 만나고, 다른 사람의 입장에서 생각하는 법도 배워요.

학교에서 어린이들은 함께 일하거나 서로 돕는 방법을 배워요. 또 자신이 좋아하는 일에 대해 알아 가는 시간도 갖지요.

앉고, 상체를 일으키고, 기어 다니는 행동들은 모두 혼자 걷기 위한 준비 단계예요. 대부분의 아기는 9~12개월에 첫걸음마를 떼요.

알고 있나요? 성인이 됐을 때의 키는 2.5세 때 키의 두 배라는 연구 결과가 있어요. 하지만 과학적으로 증명된 것은 아니지요.

청소년기

아기가 어른으로 자라는 과정에서 큰 변화를 겪는 시점을 청소년기라 해요. 변화는 빠르면 10살부터 시작돼 20대까지 계속돼요. 하지만 눈에 보이는 대부분의 변화는 10대(13~17세) 때 일어나지요. 생식이 가능해지는 시기를 사춘기라고 하는데 사춘기는 청소년기에 속해요.

청소년은 어린이보다 훨씬 큰 자유와 선택권을 가져요. 누구와 함께 시간을 보낼지를 결정하고, 이성 친구를 사귀게 되기도 하지요.

사춘기의 특징

사춘기 소녀는 성호르몬인 에스트로겐과 프로게스테론을 생산하기 시작해요. 초경을 하고 가슴, 질, 나팔관, 자궁이 발달하지요. 사춘기 소년은 성호르몬인 테스토스테론을 생산하기 시작해요. 정자를 만들어 내고, 가슴과 어깨가 넓어지고, 목소리도 변하지요. 그리고 남녀 모두 몸에 털이 나기 시작해요.

사춘기 때 분비되는 호르몬은 피지를 많이 만들어내요. 피지가 나오는 구멍이 막히면 여드름이 생기게 되지요.

기념하기

많은 문화권에는 어린이 시기가 끝나는 것을 축하하기 위한 의식이나 절차가 있어요. 이후 청소년이 성인으로서 책임감을 갖고, 강하고 조화롭게 살아갈 수 있기를 기원하는 자리이지요.

남태평양 바누아투에 사는 소년들은 사춘기가 되면 몸에 줄을 걸고 30미터 높이에서 뛰어내려요.

성인기

성인은 새로운 역할과 책임을 다하게 돼요. 어떤 문화권에서는 청년들이 부모의 집에서 같이 살다가 결혼을 한 다음 독립을 하지만, 어떤 문화권에서는 성인이 되자마자 바로 독립을 해야 해요. 대부분의 성인은 생존을 위해 직업을 갖지요.

전 세계에서 1억 8천만 명 정도의 사람들이 건설 관련 일을 해요.

직업의 선택

사람은 하는 일에 따라 벌 수 있는 돈과 사회에서의 지위, 시간 활용 정도가 달라져요. 학교를 빨리 떠날수록 준비가 덜 된 상태에서 일을 시작할 확률이 높아지지요. 교육을 더 받으면 교육비는 더 들지만, 보다 만족스러운 일을 하고 보다 많은 돈을 벌 확률이 높아져요.

대학 졸업은 성공적인 직업을 가지는 데 필수적인 것은 아니지만, 그 자체로 큰 성취라고 할 수 있어요.

방글라데시에서 온 이 인부들은 아랍에미리트 두바이에서 일을 하고 있어요. 방글라데시에서 일하는 것보다 이곳에서 일하는 것이 더 많은 임금을 받을 수 있기 때문이지요. 이들은 돈을 벌어서 방글라데시에 있는 가족에게 보내요.

우리 몸 대발견

과학자: 데르크 얀 데이크와 사이먼 아처의 팀
발견: 교대 근무제의 위험성 증명
연도: 2014년
이야기: 데이크와 아처는 야간 근무가 정신적, 신체적 건강 문제를 일으키는 이유를 밝히기 위해 22명의 교대 근무자들을 연구했어요. 그 결과 우리 몸의 몇몇 유전자가 하루의 특정 시간에만 일을 할 수 있도록 설계되어 있으며, 몸의 자연적인 리듬을 방해하면 장기가 제대로 기능하지 못한다는 사실을 알아냈지요.

알고 있나요? 전 세계 사람의 약 25퍼센트가 농업에 종사하고 있어요.

휴식 시간

일을 하지 않는 시간 동안 사람들은 일상의 의무에서 벗어날 수 있어요. 가족과 친구를 만나고, 운동 경기를 하고, 취미 생활을 하며 시간을 보내지요. 휴식을 취하고, 긴장을 푸는 시간은 누구에게나 반드시 필요해요.

휴식 시간에 영화관, 텔레비전, 스마트폰을 통해 영상을 즐기는 사람도 많아요.

아랍에미리트에는 약 800만 명의 이주노동자가 있어요. 대부분 인도나 방글라데시, 파키스탄에서 온 사람들이지요.

두바이의 건설 노동자들은 내리쬐는 햇빛 아래서 오랫동안 일을 해요. 두바이의 여름 평균온도는 섭씨 40도 정도로 매우 높지요.

가족생활

가족의 형태는 다양해요. 형제자매 없이 홀로 자라는 아이도 있고, 한 명의 부모 밑에서 자라거나 부모가 아닌 다른 사람에게 돌봄을 받는 아이도 있지요. 여러 세대가 한집에서 살고 있는 대가족 집안에서는 많은 형제자매가 함께 자라나요.

결혼

모든 사람들이 인생을 배우자와 함께 하는 것은 아니에요. 배우자와 일생을 함께 하기로 결심한 사람들은 대부분 가족과 친구들 앞에서 결혼식을 치르지요. 어떤 사람들은 스스로 배우자를 선택하는 대신 집안 어른의 결정에 따라 결혼을 하기도 해요.

아기 갖기

사람은 아기를 낳기도 하고, 낳지 않기도 해요. 가족 구성에는 다양한 방식이 있지요. 아이는 입양되거나 친부모가 아닌 양부모에 의해 자라나기도 해요. 체외수정을 했거나 대리모에게서 태어난 아이는 자신의 친부모를 모르고 자랄 수도 있어요.

힌두교도 신랑 신부는 결혼식 날에 빨간색 옷을 입어요. 문화별 종교별로 독특한 결혼 풍습들이 있지요.

경험과 지혜를 소유한 노인들은 가족의 정신적 지주 역할을 해요. 아기를 돌봐 주거나, 경제적인 도움을 주기도 하지요.

남성끼리 부부가 되면 입양이나 대리모를 통해 아빠가 될 수 있어요.

가족은 구성원들에게 많은 가치와 믿음을 부여해요. 태어나 다른 사람과 맺는 첫 관계는 바로 가족과 맺은 관계이지요.

미국 여성들이 엄마가 되는 나이가 점점 늦어지고 있어요. 1970년에는 첫 아기를 갖는 평균 나이가 21.4세였지만 2014년에는 26.3세로 늦어졌지요.

과학자: 마거릿 생어
발견: 최초의 가족계획 클리닉 개설
연도: 1916년
이야기: 미국의 간호사인 마거릿 생어는 페미니스트로, 원치 않는 임신이 산모 건강에 큰 위협이 된다는 사실을 알아냈어요. 하지만 그 시절 미국에서는 피임이 불법이었지요. 생어는 그럼에도 필요한 사람들에게 계속 피임 기구를 내주었기 때문에 1938년 미국에서 가족계획이 합법화될 때까지 여러 번 체포되어야 했더요.

우리 몸 대발견

알고 있나요? 세계 곳곳에서 가족의 규모는 다양해요. 대만에서는 평균적으로 아기를 한 명 낳고, 미국에서는 두 명, 나이지리아에서는 여섯 명을 낳아요.

노년기

현재 사람의 평균 수명은 70.5세예요. 이미 육지에서 사는 포유동물 가운데 사람의 수명이 가장 길지만 앞으로는 더 길어질 예정이지요. 유엔에 따르면 노년기는 65세부터 시작되지만 노년에 대한 인식과 그 시간을 보내는 형태는 개인마다 매우 달라요. '나이는 숫자에 불과하다'는 말이 일리가 있는 이유예요.

나이가 들면 관절의 운동 능력이 떨어져요. 골격은 약해지고, 넘어졌을 때 뼈가 깨질 가능성도 늘어나지요.

연륜의 장단점

사람의 몸을 이루는 세포들은 주변 환경에 의해 끊임없이 손상을 받아요. 이 손상이 수십 년 동안 지속되면 사람의 몸은 물리적으로 늙고, 병이 들 확률도 높아지지요. 하지만 나이 드는 것이 나쁘지만은 않아요. 노인은 젊은 사람들보다 더 자주 행복을 느끼고 더 균형 잡힌 삶을 살아가지요. 많은 사회에서 노인의 지혜와 경험이 존중받고 있어요.

건강한 생활 방식을 가지면 몸의 노화를 늦출 수 있어요. 사진 속의 가라데 고수는 일본 오키나와의 75세 노인이에요.

죽음을 앞에 둔 삶

사람이 죽음을 대하는 방식은 개인의 성격, 정신적인 믿음, 그들이 속한 문화에 따라 달라요. 하지만 누구나 사랑하는 사람의 죽음을 겪게 되면 몹시 큰 슬픔을 겪게 되지요. 그때는 의식이나 의례가 도움이 될 수도 있어요.

무덤에 꽃을 두는 것은 사랑하는 이를 기억하고 그 죽음을 받아들이는 하나의 방법이에요.

건강하게 살기

사람들은 생존을 위해 몸을 돌보는 일에 대부분의 시간을 보내요. 공기, 물, 음식, 잠과 같은 물리적인 요구사항을 충족시키는 일이 여기 해당되지요. 하지만 정신 건강을 돌보고 감정적인 욕구를 충족시키는 일도 그에 못지않게 중요해요.

좋은 인생

이 세상에는 의미 있게 사는 법에 대한 안내서가 수도 없이 많아요. 오늘날의 인류는 살아가는 데 필요한 다양한 종교, 철학, 도덕적 체제 들을 가지고 있는데, 그 모든 것들은 비슷한 방법들을 제안하지요. 바로 이타적이 되기, 사랑하기, 감사하기, 현재를 살아가기 같은 것들이에요.

> 명상과 요가는 마음이 안정되도록 해요. 사람들이 스트레스와 걱정거리를 덜 수 있도록 도와주지요.

> 스스로를 돌보면서 정신 건강을 향상시킬 수도 있지만, 사람은 때로 누군가에게 도움을 받아야 할 때도 있어요. 예를 들어 심각한 걱정거리가 있다면 믿을 수 있는 누군가에게 이야기를 해야 하지요.

> 공감은 다른 사람의 고통과 공포를 느끼는 능력이에요. 공감을 함으로써 다른 사람이 필요로 하는 것이 무엇인지 알 수 있어요.

우리 몸 대발견

과학자 : 실라 콜슨
발견 : 최초의 종교 활동의 증거
연도 : 2006년
이야기 : 2006년 고고학자인 실라 콜슨은 뱀 모양의 바위에 새겨진 조각을 발견했어요. 덕분에 이제는 사람이 영적 활동을 한 최초의 시기를 7만 년 전으로 거슬러 추정할 수 있게 되었지요. 신화, 종교, 의례는 세상을 보는 인간만의 고유한 방법이에요.

알고 있나요? 티베트의 승려들은 하루 6~8시간씩 명상을 해요.

과거, 현재, 미래

과거에 집착하는 것은 건강한 태도가 아니에요. 하지만 실수로부터 배워 나갈 수는 있지요. 또 미래에 대해서는 필요 이상으로 걱정할 필요가 없지만, 목표와 방향은 정해 가야 해요. 마지막으로 현재는 충분히 즐겨야 해요. 하지만 즐긴다는 것이 책임감 없는 행동을 해도 된다는 의미는 아니지요.

지구는 인류에게 놀라운 선물이에요. 미래 세대를 위해 지구를 돌보는 것은 우리의 책임이지요.

사람은 과거를 바꿀 수 없고, 미래도 마음대로 할 수 없어요. 우리가 조절할 수 있는 유일한 순간은 지금이지요. 명상을 통해 우리는 지금을 잠시 멈추고 긴장을 풀 수 있어요.

용어 소개

- **감수분열**
생식세포(난자와 정자)를 만드는 세포분열의 형태로, 유전물질의 반만 지닌 세포를 만들어요.

- **기능적자기공명영상(fMRI)**
국소적 산소 섭취를 나타내는 자기 공명 신호를 처리해 뇌의 활동을 표현하는 촬영 방법을 가리켜요.

- **단백질**
세포를 구성하고 인체 내 물질대사의 촉매 작용을 해 생명 현상을 유지하게 하는 물질이에요.

- **막**
인체 표면의 내부와 외부를 덮고 있는 조직의 얇은 층을 가리켜요.

- **면역**
몸속에 들어온 병균에 대한 항체를 생산, 독소를 중화하거나 병균을 죽여서 다음에는 그 병에 걸리지 않도록 하는 일을 말해요.

- **무기염류**
칼슘이나 소듐(나트륨)처럼 탄소를 포함하지 않는, 우리 몸에 꼭 필요한 영양소를 가리켜요.

- **물렁뼈**
뼈가 관절에 닿는 곳에서 유연성을 확보하고 지지하는 기능을 하는, 쿠션 역할을 하는 부드러운 물질이에요.

- **비타민**
적은 양으로도 생명 유지에 중요한 역할을 하는 물질로, 반드시 음식으로 섭취해야 해요.

- **샘**
호르몬, 땀, 정액 같은 화학 물질을 몸 밖으로 배출하는 장기를 가리켜요.

- **수용기**
빛, 열, 다른 자극에 반응하는 세포나 단백질로 감각 신경에 신호를 보내요.

- **양전자방출단층촬영(PET)**
세포의 대사를 측정하기 위해 매우 짧은 양자 방출 핵종을 표지한 물질을 사용한 영상 기법이에요.

- **영양소**
생명체가 생존하고, 성장하고, 생식하는 데 필요한 물질을 말해요.

- **유전자**
생명체에서 특수한 기능이나 구조를 담당하는 단백질을 합성할 수 있는 정보를 지닌 DNA 분자의 조각을 말해요.

- **자기공명영상(MRI)**
연한 조직과 단단한 뼈의 영상을 얻기 위해 자기장과 전자를 이용하는 기술이에요.

- **전산화단층촬영(CT)**
X선을 사람의 몸에 여러 방향으로 주사하여 2차원 또는 3차원 이미지를 상세하게 보는 기술을 가리켜요.

- **전자**
원자의 핵 주위에 분포하는 입자로, 음성(−)을 띠어요.

- **조직**
비슷한 구조와 기능을 가지고 함께 특수한 일을 수행하는 세포군을 가리켜요.

- **주사전자현미경(SEM) 사진**
표면을 상세히 보기 위해 주사전자현미경을 이용해 찍은 사진을 말해요.

- **척추뼈**
척추를 구성하는 서로 연결되어 있는 작은 뼈로, 척수가 지나가는 구멍이 있어요.

- **체세포분열**
성장과 손상 수리에 필요한 세포분열의 형태로, 하나의 세포로부터 똑같은 두 개의 세포를 만들어요.

- **탄수화물**
몸에서 에너지를 공급하기 위해 사용되는 포도당, 섬유소 들을 포함하는 물질의 집단이에요.

- **해부학**
사람의 몸의 구조를 과학적으로 연구하는 학문이에요.

- **핵**
세포의 중앙 부위에 있으며 염색체를 포함하고 있어요.

- **핵산**
유전이나 단백질 합성을 지배하는 중요한 물질로, RNA와 DNA로 나뉘어요.

- **호르몬**
내분비샘에서 생성돼 혈액을 타고 조직이나 장기로 전달되는 화학물질이에요.

- **효소**
화학반응이 쉽게 이루어지도록 매개하는 물질이에요.

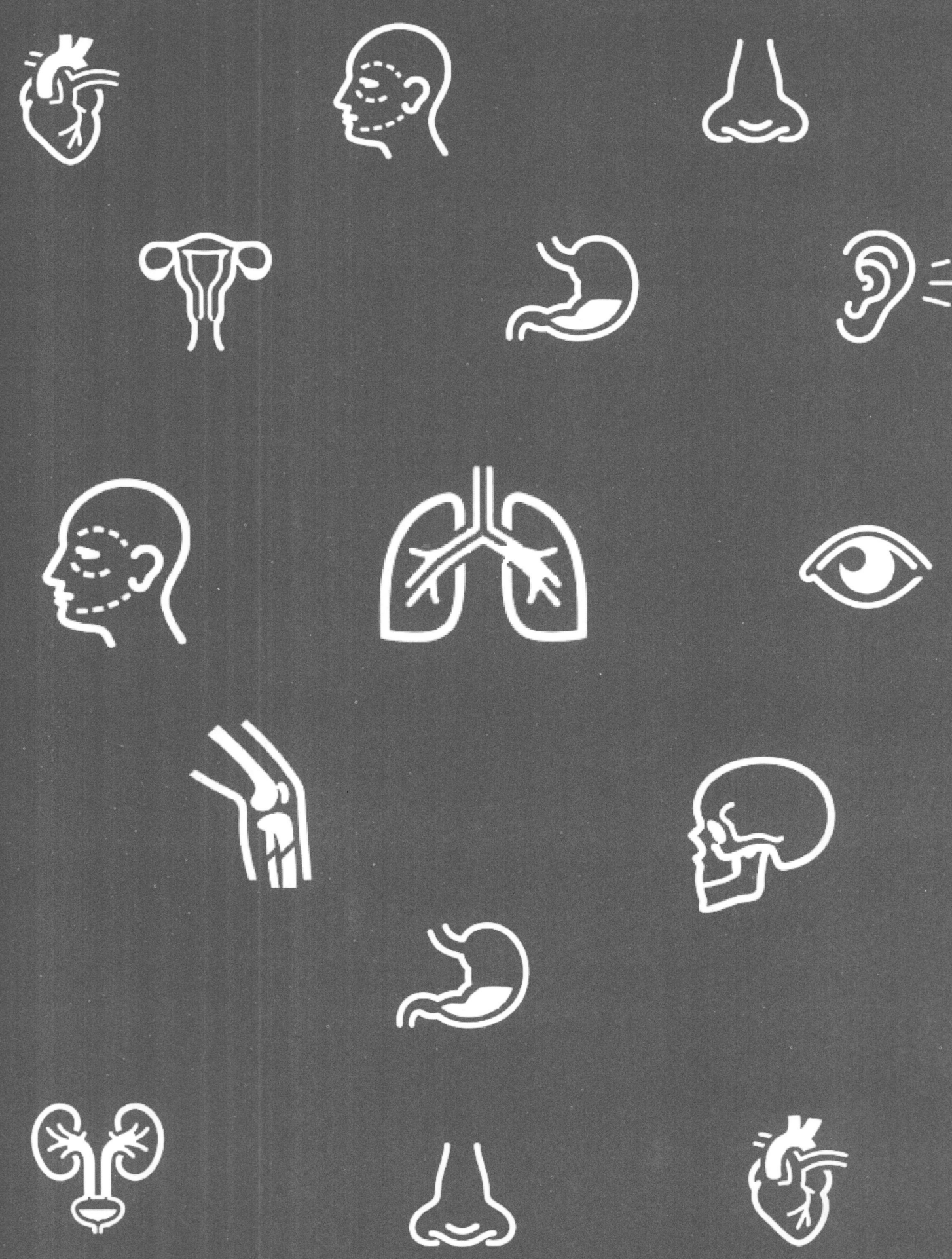